普　天　之　下　·　盡　是　好　書

普天出版家族
Popular Press Family

凌雲 文創
A-Plus Creative Company

後退一步，就會發現幸福

文蔚然 編著

LET IT GO, YOU WILL FIND HAPPINESS

幸福往往
從你決定**放下**的那一刻開始

後退一步，可以讓你的視野更開闊，把事物的面貌看得更清楚，不再為了瑣事斤斤計較，也不再和週遭的人發生無謂的衝突。
其實，幸福就像一場「人生探戈」，也就是說當你的「人生舞伴」前進一步的時候，你必須適時退後一步，
如此一來，你才能跟自己的「人生舞伴」共同舞出一段曼妙精采的幸福人生。

【出版序】

● 文蔚然

幸福往往從放下的那一刻開始

放下並不是意味著「失去」，反而是另外一種形式的「擁有」。放下是從苦惱中超脫的最好方法，不肯放下只會讓自己陷入的痛苦和折磨之中。

作家奧斯曼曾說：「想要過得幸福，其實沒有什麼訣竅，重點就在於該你後退的時候，千萬別硬要前進。」

後退一步，可以讓你的視野更開闊，把事物的面貌看得更清楚，不再爲了瑣事斤斤計較，也不再和週遭的人發生無謂的衝突。

有人說，幸福就像一場「人生探戈」，當你的「人生舞伴」前進一步的時候，你必須適時退後一步，如此一來，你才能跟自己的「人生舞伴」共同舞出

一段曼妙精采的幸福人生。

其實，人生是快樂或痛苦，端視你看待生活的態度，也就是說，如果你用簡單的態度過生活，那麼你的人生就是彩色的，如果你用複雜的態度過生活，那麼你的人生就是黑白。

因爲，每顆貪婪的心都像一個無底洞，不管你朝它填塞多少珍寶，它永遠可以騰出空間等著你的補給，而且它都不會得到滿足。

有個少婦嫁給了一個有錢人，雖然丈夫任她揮霍無度，過極盡奢侈的生活，然而物質的一切享受仍無法讓她感到滿足。

所謂飽暖思淫慾，當丈夫出外經商時，她居然爲了增加生活的趣味，而大玩起外遇遊戲，最後更讓這段不正常的愛情，遮蔽了她的理智。

被甜言蜜語迷惑的她，這天趁著丈夫到外地出差時，將所有的財物全都帶走，因爲她決定，要與那個外遇男人私奔。

只是她萬萬沒想到，有個殘酷的現實正準備給她一個慘痛教訓！

當他們來到河邊，找不到吊橋也找不到渡船時，望著湍急的河水，這個男人忽然提議：「我想，我可以輕鬆地游泳過去。但是……不如這樣好了，我先把這些物品運送到對岸，然後再回來背妳過去，好嗎？」

少婦點了點頭，她非常相信這個男人的承諾。

然而，一切都就在這個男人渡河之後全部破滅了！

因爲，男人過河後便不再回頭了，而少婦壓根兒也沒料到，自己居然會受騙，無助的她站在河邊，忍不住掉下眼淚。

就在這個時候，前方忽然出現一隻嘴裡啣著飛雁的狐狸，慢悠悠地走到河邊，當牠看見河裡肥大的魚兒時，卻把飛雁放在岸邊，猛地跳入了水中，妄想將魚兒也變成自己的食物。

然而，就在牠跳入水中之後，這才發現水流實在太急了，牠連站都站不穩了，更別說是捉魚，於是，牠連忙跳回岸上，只是當狐狸回到岸上時，這才發現飛雁早就不見了。

站在河邊的少婦，把這一切都看在眼裡，忍不住嘲笑狐狸說：「聽說狐狸是很聰明的動物，沒想到你居然這麼傻，既然得到飛雁，應該感到滿足才是，爲何又要貪心捉魚呢？現在不僅兩頭空，剛剛還差點連性命都丟了。」

當少婦說這些話時，狐狸卻相當認眞地看著她，似乎在反諷她：「我傻？妳不是比我更愚笨？不然妳也不會站在這裡發愁，我失去飛雁和魚，那妳呢？妳的損失不會比我少吧！」

是「人心不足蛇吞象」，還是少婦「咎由自取」？

應該說二者皆有吧！因爲無論哪一樣，在這則佛教寓言故事背後，都充分地突顯出人性的貪婪與醜陋。

生活越是富裕，人們對物質的慾求越是不滿，慢慢地，把物慾的胃口越養越大，心也越來越無法獲得滿足，就像故事中的少婦和狐狸一般。

在擁有物質享受的同時，你知道什麼才是眞正的滿足嗎？

當財富不斷地累積，請隨時停下挖攫錢財的手，環顧你的生活周遭，是否自己正被困在金山銀山之中？

當生活越來越富足，請隨時關掉享樂的樂音，聽聽自己眞正的心聲。因爲，很多時候「擁有」也會是「失去」，所以才會有人擁有越多，反而失去更多快樂。

英國作家湯瑪斯．富勒曾經說：「人若是太過於自信，往往不肯相信生活原來比自己想像中還要簡單。」

的確，人生在世，超過一半以上的困擾和煩惱，其實都來自於我們自以爲生活不可能像自己想像中那樣簡單，因此，才會讓自己陷入「智」尋煩惱，「智」作「智」受的心靈禁錮之中。

如果你不希望心變成一個無底洞，就把貪婪從心底徹底根除吧！並在捨與得之間再三斟酌，仔細選擇你眞正需要的，也好好珍惜你所選擇的一切，那麼，就算只是稀鬆平常的溫暖光照，也會讓你猶如享受慈暉般的感覺。

作家梅爾澤曾說：「想要擁有之前，必須先學會放下。」

確實，人生過程中，很多事情該放下的時候就必須放下；放下並不是意味著「失去」，反而是另外一種形式的「擁有」。

放下內心那些偏執、貪癡、怨懟、憎恨，是我們活得快樂的最重要因素，也是生命能否提昇至更高境界的關鍵；放下是從苦惱中超脫的最好方法，不肯放下只會讓自己陷入的痛苦和折磨之中。

放下象徵著待人處事的圓融與生活的圓滿，必須經過日積月累的成長與啓發，才能學會適當地取得平衡，而這也正是你我一生必修的功課。

因此，唯有隨時留意身邊的啓發機會，並且不斷地自我反省，我們的人生境界才會有所提升。

PART 2 不肯認真的人最愚蠢

常識由生活習慣與生活經驗所累積，當人們笑我們沒常識時，你是否也驚覺，自己居然不認真生活，白白浪費了珍貴的時間？

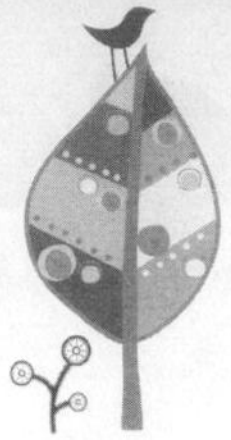

【PART 3】知福惜福才是最大的幸福

人間的一切事都在冥冥之中有了安排，本來就由不得你打如意算盤，更何況是憑空飛來的財富呢？

PART 4

天堂和地獄就在轉念之間

面對人生的各項課題，選擇權就掌握在我們手中，是好是壞、是善或惡，全在你的一念之間！

【PART 5】別有居心，只會累壞自己的心

與其處心積慮想迎合上司的胃口，不如好好地充實自己，因為讓自己有「最好的表現」，才是我們最好的奉承籌碼。

PART 6

不要讓失敗對自己造成傷害

奧地利心理學家艾德勒說：「你愈不把失敗當作一回事，失敗就愈不能對你造成傷害，只要保持心態的平衡，成功的可能性也就愈大。」

1. 人生的苦樂 來自你的選擇

過快樂的生活，還是過悲苦的日子，

從來都不在別人的手中，也不在外在的大環境中，

就在我們選擇人生的轉念之間。

即使只有萬分之一，也絕不要放棄

你大可不必向那些命理師尋求答案，從他們的口中說出來的未來，從來都是虛假的，因為，相信自己，你的未來就在你手中！

英國知名作家王爾德曾在著作中如此寫道：「看起來痛苦的磨難，經常只是幸福的偽裝而已。」

的確，幸福經常戴著不幸和痛苦的面具出現在我們的面前，只要我們不去逃避，進而勇敢地面對，我們就有機會揭開這些不幸和痛苦的面具，發現早已存在自己身邊的幸福。

即使只有萬分之一的機會，都會是個難能可貴的機會，要是放棄了這次機會，就算再多的命理師看好你，也無法彌補坐失良機的遺憾。

美國有個名叫米契爾的年輕人，不幸遇到了一場火燒車意外，令他全身有三分之二的面積被燒傷，送醫治療後雖然幸運地撿回了一條命，但是從此卻留下了可怕的傷疤。

面對著鏡子中難以辨識的自己，他從未放棄過，儘管曾經痛苦、迷茫，但他不斷地告訴自己：「相信你能，你就能！問題不是發生了什麼，而是你如何勇敢地面對它！」

身殘而心不殘的米契爾，很快地便從痛苦中解脫出來，他幾經努力、奮鬥，一步步地抵達他夢想的目標。

但惡運之神似乎仍想繼續考驗他，在一場學習駕駛飛機的實習課程中，飛機突然故障，米契爾從高空上掉落下來，導致他的脊椎粉碎性骨。緊急送到醫院急救後，醫生研判，米契爾恐怕將面臨終身癱瘓的命運。

看到惡運如此糾纏著米契爾，他的親友們無不心痛萬分，但米契爾卻一點

也不悲傷，安慰著親友們說：「放心，我的大腦還能思考，這張嘴也還能開口，一切都還沒到絕望的時候！」

在病房裡，米契爾讓生命發揮到極致，他更用樂觀與幽默的生命態度，去鼓勵身邊的病友們，教導他們戰勝病魔。

不久，米契爾走出了醫院，並展開他新的人生，娶妻、生子、登上國會議員寶座，一步步地，他用行動證明：「只要不放棄，什麼事都有可能！」

作家盧卡斯說：「痛苦雖然很痛很苦，但是它的果實卻很甜很美。」

一個不曾經歷過痛苦和不幸的人，永遠不知道幸福的滋味有多甜美，就像一個不曾溺過水的人，永遠不知道可以自由呼吸是件多麼幸福的事。

因此，在人生過程中遭遇到各式各樣的不幸和痛苦，嚴格講起來並不是一件壞事，如果沒有這些不幸和痛苦，就永遠無法開出人生的幸福花朵。

你認為，握在你手中的機會有多少？

聽見米契爾的「只要不放棄，什麼事都有可能」，看見米契爾努力地撐持著一身殘缺時，相信每個人必定都受到了他的感動與鼓舞。

「我的未來有多少可能？」你大可不必向那些高掛鐵口直斷招牌的命理師尋求答案，從他們的口中說出來的未來，從來都是虛假的，因爲米契爾用行動告訴我們：「相信自己，你的未來就在你手中！」

只有萬分之一的機會已經足夠了，不放棄就能美夢成眞，因爲，成功很多時候就只差那一小步！

人生的苦樂來自你的選擇

過快樂的生活，還是過悲苦的日子，從來都不在別人的手中，也不在外在的大環境中，就在我們選擇人生的轉念之間。

不論遭遇何種挫折和痛苦，我們都不能就此向困境低頭，不能任由環境擺佈。人生難免會有浮沉，當我們腦海中充滿樂觀的想法時，就不會畏懼任何逆境，反而會把逆境視爲最好的磨練。

當你決定向環境挑戰，心中就會湧出不屈不撓的奮鬥精神。

你喜歡笑看人生，還是哭衰未來，選定了你想要的生活方式，往後的日子便會照著這個思考方向走下去，不管未來如何，一切的苦樂、成敗，在一開始

選擇時，其實就已經註定了。

那年，傑里被人搶劫時，腹部中了三顆子彈，一度性命垂危，所幸老天保祐，讓他度過了難關，並在不久後康復出院。

當時，傑里的同事們看見他，紛紛露出難以置信的表情，驚訝地說道：「你怎麼那麼快就康復了？」

傑里笑道：「那當然囉！你們想不想看看傷疤呀？」

有同事擔心地問：「當時傷勢那樣嚴重，你怎麼一點都不害怕？」

傑里拍了拍同事的肩膀說：「那又怎麼樣，當時不是生便是死，我只不過選擇了活下來罷了！」

傑里繼續說：「你們知道嗎？當時醫生好像是把我當成死人來治療的，不過，當我使盡全力故意喊叫著：『啊，我過敏呀！』他們才驚覺我仍然醒著，便連忙問我對什麼過敏，我指了指小腹：『子彈啊！』他們看見我這樣樂觀，紛紛大笑起來，就這樣，我的手術順順利利地做完了，而我，也從死人變成了活人。」

有個朋友又問：「你怎麼能一直保持樂觀呢？」

傑里笑著回答：「因爲，每天早上醒來，我便會對自己說：『傑里，今天你有兩個選擇，你可以選擇一種好心情，也可以選擇一種壞心情，嗯，那我要選擇好心情。』所以，一有壞事發生，我不會選擇成爲受害者，而是選擇當一個吸取教訓的聰明人，即使朋友們向我抱怨生活中不如意的事，我也非常樂意提供他們生活中積極的一面。總之，生活是由許許多多的選擇構成的，一切就看你怎麼選擇！」

曾經有個位叫博比的法國記者因爲罹患了腦血管疾病，以致於全身癱瘓，最後只剩下一隻左眼可以活動。

不久，人們紛紛傳說他將成爲可憐的植物人，然而，當時意識仍然清楚的博比卻非常樂觀，他還爲僅存的左眼寫了一句格言：「她是我黑牢裡的唯一通風口，是我潛水衣裡的唯一氣窗！」

過快樂的生活，還是過悲苦的日子，從來都不在別人的手中，也不在外在的大環境中，就在我們選擇人生的轉念之間。

看著傑里的笑顏，你是否也發現了自己的笑容？

聽見傑里的生活哲思，你是否也決定重新選擇前進的未來了呢？

一有壞事發生，不要把自己放在受害者的位置上，而是要把失敗視爲你難得的教訓和經驗，然後，你就會看見它們轉化成爲你成就未來的橋樑。

計較越多，失去就越多

「計較越多，失去就會越多」，因為當心中的計較越多，我們往往只會專注在某些微不足道的小細節上，而忽略了全盤考量。

對人生積極認眞的人，會把精力用在該用的地方，渾渾噩噩的愚人則把心思花費在生活的瑣事上，處處與人計較。

「和氣才能生財」已是老生常談，而「少一點計較，機會才會多一些」則是現代人最須建立的新觀念。

在摩羅國的地方有個剎帝利族的老人，不幸罹患了一種很嚴重的病，老人知道自己將不久於人世，於是叫來兩個兒子，交代他的遺言：「我死了之後，你們一定要好好地將所有財產平均分配，千萬不可以貪心、起爭執，傷害一家人的和氣，知道嗎？」

兩個兒子聽話地點了點頭，老人遺言說完，不久便斷氣了。

兩個兒子在處理好父親的後事後，依照父親臨死前的遺願，打算要將父親留下來的財產，進行平均分配。

但是，不知道爲什麼，他們不管怎麼分都無法平均分配，一會兒不是哥哥說弟弟的財產分得太多，便是弟弟說哥哥分得很不公平。爲此，原本感情融洽的兩兄弟竟開始吵鬧起來，他們完全忘記父親當初的叮囑。

就在他們僵持不下的時候，有個路人看不下去了，好心地上前爲他們調解。他說：「我有一個好辦法，一定能使你們都很滿意，只要你們把每件東西都分作兩份，而每個人各拿一份，那不就平均了嗎？」

兩兄弟聽完他的話，居然驚呼：「聰明！這眞是個好辦法！」

接著，他們立即照著路人的建議去做，只見他們不僅將每一件衣服都剪成了兩半，連鍋子、瓶子、碗碟、桌椅等一切傢俱也劈成兩半。

總之，不論什麼東西，他們都要分成「兩份」，以求絕對的公平，甚至他們連銀錢等也全部撕成了兩半，直到他們將父親所遺留下來的東西，全都平均分成「兩份」，他們這才滿意地停止分配的動作。

只是，當他們停下了「均分」行動後，這才發現所有的東西全都支離破碎，全都變成了廢物一堆，這下子，他們總算很平均的「一無所有」了。

怎樣才是眞正的擁有，又怎樣會是完全的失去，這些都無法從事物本身的價值去衡量，因爲眞正的價值認定，就在我們的心中，這就像故事中的老人留下了龐大的財產，然而，對他的兩個愚蠢的兒子來說，最終不過只是「廢物」一堆而已。

因爲，在分配財產時，他們只執著於所謂的「平均」問題上，卻忘了自己眞正的需要，更忘了老人家遺言的重點：「不要傷了一家人的和氣！」

「計較越多，失去就會越多」，這是過來人一再提醒我們的生活箴言。因爲，當心中的計較越多，我們往往只會專注在某些微不足道的小細節上，而忽略了全盤考量，就像故事中的兩個兒子，不願自己吃虧，反而讓手上原本該屬於自己的財富轉眼成空。

從這個「平均分配財產」的故事，我們也可以得到另一個積極的啓發：「即使能力再強，只要機會尚未到來，我們就要比別人更有長遠的眼光，更要比別人懂得不怕付出。」

保持冷靜，才不會做無謂的犧牲

冷靜再冷靜，是面對問題時的應有態度，因為那是唯一能讓你解決問題的方法，也是讓你不再做無謂犧牲的唯一保障。

每當有意外發生時，有些人會沒有擔當地立即逃開，有更多的人則好逞一時之勇，總是不能靜下心來評估事情的利害關係或輕重緩急，卻習慣以強出頭的方式來展現自己的獨特性。

某個偏遠的漁村有一項習俗，村民們每天都必須舉行一次祭典，請求海神

保佑，祭祀時，他們會在海岸邊擺設祭壇，供桌上還會排滿乳酪、米飯、魚肉……等祭品。

又到了祭祀的時候了，有對烏鴉夫妻與同伴們一起出來覓食，當牠們來到海邊時，正巧祭祀的儀式已經結束，村民則留下大批祭品，各自回家去。

烏鴉們一看見眼前有那麼多的食物，便飛下來大嚼特嚼，連酒也照喝不誤，快樂地盡情豪飲。不一會兒，所有的烏鴉都喝得酩酊大醉，有對烏鴉夫妻還高興地提議：「我們到海中泡水吧！」

然而，就在大家愉快地在沙灘上玩水時，忽然一個大浪捲來，將雌烏鴉捲了去，雄烏鴉一看，著急地哭喊著：「我的妻子呀！糟了……」

烏鴉們聽見雄烏鴉的哭聲，齊聲問：「發生什麼事了？」

雄烏鴉大聲地說：「我的妻子被大浪捲走了。」

聽見同伴被大水捲走，大家禁不住哭號了起來，這時有隻烏鴉說：「哭也沒用啊！不如大家合力吸光海水，不就能救牠了嗎？」

大家一聽，立即表示贊同，只見一大群烏鴉全部在海面上吸水。

但是，海水這麼鹹，吸久了，牠們的咽喉也漸漸地感到乾渴，不一會兒工夫，便有烏鴉回到陸地上休息。

因爲，牠們的口舌都僵了，臉也感到麻痹，身體更是疲倦不堪，但休息過了一會兒，牠們又回到海面上，因爲牠們已經決定：「一定要盡全力把水吸光，才能救回同伴啊！」

然而，不管牠們怎麼吸，海水的高度卻一點也沒有改變，而雄烏鴉一想起雌烏鴉的身影，不禁悲從中來，恨不得也隨妻子死去。

正當牠們悲嘆不已的時候，佛陀幻化爲恐怖的海神，出現在牠們面前，那恐怖的模樣立即嚇退了所有烏鴉，不過，烏鴉們都能安然地離開海面上。

佛陀會這麼做是因爲，牠們的救援行動是不會有結果的，即使牠們付出再多，最後不過是陪葬而已。

你也像故事中的烏鴉們一樣，遇到事情只會用慌張的情緒來處理，還是習慣在漫無目的的行動中一再犧牲？

　　看著烏鴉們在海面上無助地載浮載沉時，你是否也看見了，原來自己也曾因爲處事不夠冷靜，因爲做事太過衝動，而讓成功的良機一再錯過？

　　如果不想錯過成功的機會，那麼，當面對問題或遇到困難時，就要先把情緒冷靜下來，因爲佛陀在故事中，給了我們一個絕佳的教導：「冷靜再冷靜，是面對問題時的應有態度，因為那是唯一能讓你解決問題的方法，也是讓你不再做無謂犧牲的唯一保障。」

想要名利雙收，可能失去一切

生命裡無價的部分存在每個人的心中，名利雙收時，收在掌心的光彩是否真的踏實，是否真的無愧於心，當然只有我們自己知道。

思想家賀拉斯曾說：「人的名利虛榮到頭來不過是一場空。」

名利虛榮或許可以帶來瞬間的歡愉，卻無法帶來永遠的幸福快樂。

那些以犧牲別人的方式來滿足私慾的人，生活的軌道必定會越走越偏，慢慢地，他們將會失去人生的方向，也失去身爲人的生命價值。

在印度，有一群被引誘信奉邪教的人們，對於這種以邪術蠱惑信徒的宗教，個個都非常虔誠。

這個宗教信仰的教主，自稱能知過去與未來，雖然他熟知各種學說，也眞的上知天文，下知地理，無所不通，然而，他只把聰明用在私慾的滿足中：「我要怎樣才能讓每個人相信我，並尊敬我呢？」

後來，由於佛陀盛名遠播，許多人轉向信仰佛陀，這種情況讓邪教教主天天都在煩惱，因爲他努力建立的權威日漸衰落了。

有一天，他終於想出了一個方法，並且相信這個方法，對於他的名聲和威望必定會大大提升。

只見他立即召來所有的信徒，接著抱起了自己的兒子，忽地痛哭流涕，悲傷哀號起來。他哭哭啼啼地說：「唉，我的孩子在七天內恐怕就要死去，我現在還不知道到底有什麼方法可以救他呢？」

信徒們看見教主哭得這樣傷心，紛紛勸道：「孩子現在好好的啊！怎麼可能在七天之內便會死去呢？」

教主悲傷地說：「因爲他將有一場災難，那個惡魔就要到了，到時候會找到他，這個難關他過不了了，唉，我也救不了他啊！」

有個信徒安慰道：「也許您計算錯了，不要先下預言，徒勞悲傷呀！」

這句話一說完，教主登時滿臉怒容，嚴厲而堅決地說：「我絕對不會算錯，我對日月星辰、宇宙萬物，從來都沒有算錯！」

這個消息很快地被傳送到各個角落，大家都好奇地看著，也有人非常相信教主的預言，很替他擔憂。

到了第七天，教主的兒子果眞死了！

但事實上，他的兒子原本可以不死的，然而，他爲了建立自己的聲望和權威，竟然在前一夜將自己的親生兒子偷偷殺害。

弒子之後眞能換得一切，眞的能名利雙收嗎？

一個錯誤的價觀觀念，讓我們看見了邪教教主錯誤的生命態度，更可預見他即將失去的一切。

其實，在這個功利社會中，許多人也在追逐金錢與地位的同時，逐漸地失去生命中最珍貴的一切，所以，我們會聽見他們的感嘆：「賺這麼多錢有什麼用？名聲這麼響亮又如何？內心的孤獨、空虛有誰知道？」

生命裡無價的部分存在每個人的心中，名利雙收時，收在掌心的光彩是否眞的踏實，是否眞的無愧於心，當然只有我們自己知道。

名利雙收的同時可能失去一切，這是前述故事要傳達給我們的觀念，因此當我們在競逐名利的過程中，記得隨時反思：「這樣的犧牲是否值得？這樣的爭奪是否眞的能無愧於心？」

華麗不實的事物很容易消失

面對名牌、財富、權力和名聲，現代人似乎越來越愛不釋手，不管取得的方法是否得當，總是想盡方法去爭取、搶奪。

人世間讓人迷惑的事物太多了，形成迷惑的世界，因此，人總是受到事物的美麗表象牽引，殊不知這些事物就像朝露般容易消失。

美麗的水珠輕壓即逝，一如生活中那些浮華無實的身分地位，坐在金山銀山上的人們，是否真的就過得比一般人安穩快樂，恐怕未必如此吧！

從前有個非常寵愛女兒的國王，對於掌上明珠可說是任她予取予求。

有一天大雨過後，王宮花園一片清新，公主漫步到池塘邊，發現池中澄澈的水珠在陽光下璀璨地閃耀，就像珍珠一樣。公主心動不已，忽然對它有了佔有慾望，只見她撒嬌地說：「父王，您看那些水珠多麼美麗，我要把它們串結起來，做成頭上的裝飾，您說好不好？」

國王笑著說：「好的，好的，心愛的女兒，妳要什麼都好！」

但是，國王仔細地看著池中的水珠，忽地沉下臉說：「水珠？寶貝，那些水珠是虛幻不實的，怎麼能拿來做髮飾呢？」

公主發嗲說道：「不管，我要，我就是要嘛！」

「孩子，可是，那些水珠一拿起來，馬上就會消失了，怎麼取得？」國王好言地勸說著。

但是，嬌生慣養的公主，卻任性地說：「我不相信，如果你不取給我，我就不要活了。」

國王一聽，心急地召來國中所有工匠，下令道：「聽說你們個個具有巧奪

天工的本領，現在有一個任務交給你們，你們現在馬上將池中的水珠取出來，並做成髮飾給公主。」

工匠們一聽，面色立即沉了下來，幾乎是異口同聲地說：「這，這水珠根本無法製作髮飾啊！」

國王大聲地喝道：「要是做不出來，小心你們的腦袋。」

只見眾匠們害怕地一一噤口，彼此面面相覷，不知該如何是好。

這時，有個老工匠上前，對著國王說：「我有辦法！」

國王聽見有方法，開心地說道：「好極了，那你就試試看，我會重重賞你的。」接著又轉身對公主說：「妳看，父王多麼疼妳！」

公主甜甜地笑著說：「謝謝父王，我也要去看。」

老工匠點頭說：「有請公主與老匠一道去了！」

老匠抵達池邊時，便恭敬地對公主說：「公主，我老眼昏花，我怕挑錯了水珠，我想請您幫忙挑選水珠，讓我來製作，可以嗎？」

公主開心地說：「好哇！讓我取吧！」

只見公主捲起了袖子，以掌掬取水珠，然而，水珠才剛托起就破了，根本無法取得，弄了半天，她始終得不到一滴水珠。

最後，她疲勞地放棄了。

但就在這個時候，公主似乎也領悟了，她對國王說：「水珠根本是假的，它一點也無法久留嘛！那樣虛假的東西，我不要了！」

國王微笑道：「妳確定不要了嗎？或者妳另有要求？」

公主笑著說：「嗯，我要一個用金子做成的髮飾，那既不會枯萎，也不會消失，不是更好嗎？」

國王笑著對她說：「對嘛！這才是眞實的東西，父王一定會請最好的工匠，做一個給妳！」

就像故事中的小公主一般，現實社會裡，多數人只看得見事物華麗的外表，卻看不見內裡的虛幻。

面對名牌、財富、權力和名聲，生活富足的現代人似乎越來越愛不釋手，不管取得的方法是否得當，只要有機會，人們總是想盡方法去爭取、搶奪，然而，其中目的往往只是爲了滿足一時之慾。

今生只有這麼一遭，我們究竟要過充實自在的人生，或是要過虛無縹緲的人生，就在我們的轉念之間。

如果我們能以更客觀的態度來檢討自己的所作所爲，就能夠免除主觀心態所造成的種種迷惘。

懂得辨識眼前的眞實或虛幻，並養成一種務實的生命態度，我們的生活才能過得比別人眞實，也比別人更能品嚐到生活的甜美滋味！

分工合才會達成最好的效果

只要能放寬心去思考，必定可以激發出源源不斷的創意，這正是人和人之間無法被完全複製拷貝的獨特性。

從佛家的觀點而言，就像農夫辛勤耕田播種一樣，社會上各行各業的人也都有自己所耕之田與所播之種。

想要使我們的社會和諧美滿，有賴於人群分工合作，彼此用最擅長的方式貢獻自己的才能。

我們常說：「一個人偉大不起來。」這是因爲，任何偉大的事業，都無法只靠個人的力量完成。

適當的分工可以讓你事半功倍，相同的事由兩三個人分工完成，絕對比一個人獨力完成來得更有效率。

茂密的森林裡，有一條丈餘長的蛇每天在森林中自在遊覓，可是有一天，蛇頭與蛇尾莫名地起了爭執。

蛇尾說：「你怎麼那麼自大，每次都要走在我的前面，而我卻只能在後面跟著你，任由你想往東便往東，要往西便往西，這太不公平了。」

聽見蛇尾在抱怨，蛇頭反駁道：「這是天經地義的事，我有眼睛、有嘴巴，當然要走在前面啊！你又看不見，要怎麼走？」

蛇尾生氣地說：「我才不要聽你說教，你想，如果不是我尾巴努力擺動，你怎麼能順利前進呢？」

蛇頭不認輸地說：「你這是什麼話，我要往哪邊走，這可是我的權利，你管得著我嗎？」

蛇頭驕傲地說著，這可把蛇尾惹惱了。

忽然，蛇尾用力地纏繞在樹木身上，還努力地在樹身上繞了三圈，不論蛇頭怎樣用力拉扯，他都牢牢地纏繞不放。

就這樣，蛇頭被「綁」在樹上三天，最後因爲耐不住饑餓，只好無奈地說：「算了！我不要再跟你爭了，你下來吧，我讓你先走！」

蛇尾一聽，立即鬆綁，然後大搖大擺地向前蛇行。

但沒有眼睛的蛇尾，根本不知道前進的方向，更看不見眼前的危險，走沒幾步便墜入一個坑洞中，不久便餓死了。

你總是害怕與人分工嗎？或是因爲擔心別人會偷取你的創意，因而拒絕與人進行密切合作？

其實，你眞的一點也不必擔心，因爲，多一個人等於多一雙手和一對眼睛，更多加了一個創意頭腦，眞正會扯人後腿的人畢竟是少數，況且多數人都知道

「團結就是力量」的道理。

如果你害怕創意會被人竊取，從現在起，請不必再擔心、害怕。因爲，就像故事中的蛇尾與蛇頭，每個人都有著不容取代的特殊性，即使遇見那些只會剽竊他人創意的人，我們絕對可以斷定，他們的腦袋不過是個空殼而已，變不出新花樣，實在不足爲懼！

只要能放寬心去思考，每個人的腦袋必定都可以激發出源源不斷的嶄新創意，因爲這是每個人都能具備的創造力，也是人和人之間無法被完全複製拷貝的獨特性。

別再成為情緒的被害人

學會放寬心，是現代人必須努力學習的課題，如果不願打開心扉，最後可能成為下一個社會新聞中失控情緒的受害者。

學會情緒管理，學會放寬自己的視野，是現代人在緊張的生活步調中，不可缺乏的能力，因爲再多的心理諮詢或宣洩管道，所能給予的幫助始終都只是治標，難以治本。

在印度的某個池塘裡，住著兩隻雁鳥和一隻烏龜，長久相處下來，牠們結

成莫逆之交。

有一年，印度遭遇乾旱，久未下雨的結果，池塘也迅速乾涸，烏龜看著即將乾枯的池塘，煩惱地想：「再不快點搬家，我就完蛋了！」

這時，草叢中的兩隻雁鳥看見烏龜的情況，也非常著急，他們連忙飛出去找尋新的水塘，並決定伸出援手，幫牠移到另一有水的地方。

不久，雁鳥帶來一根樹枝，叫烏龜緊緊地咬住樹枝，然後由兩隻雁鳥各叼一端，帶著烏龜想要飛到目的地。

牠們囑咐著烏龜：「在未到達目的地前，你千萬不可以講話啊！」

烏龜乖乖地點頭，接著便緊緊地咬住樹枝，跟著雁鳥飛向天空。

當牠們飛過一個村莊的上空時，恰巧被一群孩童看見這個景況，他們很驚訝地望著天空，大聲喊道：「烏龜被雁鳥捉住了，大家快來看呀！」

烏龜原本只想著緊咬著樹枝這件事，忽然聽到地面上傳來孩童的叫嚷聲與嘲諷，認為自己被侮辱了，情緒一來，居然「開口」罵道：「這跟你們有什麼關係？」

然而，就在他開口說話時，嘴巴一鬆，牠便倏地從高空跌落至地面，更不幸地摔在一顆大石頭上，一命嗚呼。

如果烏龜能緊咬住樹枝，那麼牠的生命將會有另一番開始，然而不管雁鳥怎麼叮嚀，烏龜最終還是抵禦不了失控的情緒，成了情緒刀下的亡魂。

從寓言故事中反觀現代社會，我們可以見到，「情緒」一再地成為人際互動的主角，而人們也一再地成為情緒的被害人。

學會放寬心胸，適時退讓一步，是現代人必須努力學習的課題，心理醫師所能提供的幫助，往往也只能治標而已，如果當事人不願打開自己的心扉，最後可能成為下一個社會新聞中失控情緒的受害者，甚至連累到親友或無辜的人呢！

價值取向決定你的人生方向

每個人都有不同的人生價值，然而，真正的快樂與價值，經常是看不見的，凡是可以被人發現、看見的，往往都是一文不值的。

凡事以「報酬率」來衡量生活價值的人，在物質慾望充斥的社會中處處可見，如何不被這類人影響呢？

那便是建立正確的價值觀。

這天，有位印度學者命一名弟子前往市集，尋找一位技藝了得的瓦匠，來

爲他們製造一些精美的瓦器。

途中，弟子遇見了一個正趕著驢的送貨人，正準備將滿載的瓦器運送至市集。然而，這頭驢的脾氣似乎很剛烈，只見送貨人硬拖著驢，走走又停停，氣得送貨人最後抽起皮鞭，痛打了牠一頓。

只是，這一頓鞭子並沒有讓驢子乖乖聽話，牠反而更加不肯前進。

忽地，驢子一個失足，跌在地上，而牠身上的貨物也全都掉落地面，那些易碎的瓦器也全數破損。

送貨人一看，登時大哭了起來，接著一路拖著驢子回到店裡，向主人啼啼哭哭地訴說事發的經過。

這時，緊跟在後的弟子看了不解地問：「你爲什麼那麼悲傷呢？」

送貨人哽咽地說道：「那些器皿是我和主人辛苦製造出來的，花了那麼多的時間，如今居然被這頭惡驢給毀了，而我也有負主人的託付，心中慚愧萬分，怎能不悲傷呢？」

沒想到這個愚蠢的弟子一聽，心裡居然這麼想：「哇，這頭驢子居然只消

一刻就毀了兩個人的心血，咦？那不就是說，這頭驢子的本領比兩位瓦匠來得高明許多囉！他們要花那麼多時間才能完成一件器皿，而牠只消一刻便可以將一切毀壞！」

於是，他向瓦匠問：「這頭驢子能否出讓？」

只見瓦匠正惱著要如何處置這頭笨驢，想不到現在有人願意買去，自然非常高興，於是，雙方很快地完成交易，弟子也就開心地騎驢回家了。

一回到家，學者便問道：「你騎著驢回來做什麼？」

弟子詳述所見：「因為瓦匠他們花了那麼多的時間，才能製造那麼多的瓦器，但，您知道嗎？這頭驢子卻只用了一點時間，便將那些器皿毀壞，我想，那個瓦匠肯定無能，所以我就沒有請他同來，我想，這頭驢子的本事肯定強過他們，所以便將牠買了回來。」

學者一聽，連連搖頭：「本事強？沒想到你竟這麼愚笨，如此劣性的驢子，再養百年也不會製造瓦器。」

故事中的弟子認爲，不需要花費太多時間，便能輕鬆毀損一切，其「能力」必然了得，相較於花費大半時間製造產品的瓦匠來說，兩者之間的「報酬率」果然差異很大。

不知道你的認知如何？

錯誤的價值認定，當然會讓人選錯人生的方向，就像那些以「報酬率」來評價生活的人，他們並不會看見所謂「生命的眞正意義和價值」，對他們來說，只要物質慾望能得到加倍的滿足，他們便找到了生活的價值了。

你也這麼認爲嗎？

每個人都有不同的生活態度，也都有不同的人生價值，然而，要提醒大家的是：「真正的快樂與價值，經常是看不見的，凡是可以被人發現、看見的，往往都是一文不值的。」

2. 不肯認眞的人最愚蠢

常識由生活習慣與生活經驗所累積，

當人們笑我們沒常識時，你是否也驚覺，

自己居然不認真生活，白白浪費了珍貴的時間？

多給自己信心就能扭轉命運

面對困境，面對殘缺，我們可以這麼相信，這是上天給我們的特別考驗，千萬不要氣餒，多給自己信心。

身體的殘缺並不可憐，可憐的是心的殘缺，一顆不願扭轉命運的心最爲可憐；身陷重重困難並不悲慘，眞正的悲慘是那些坐困在逆境中，不願拯救自己，只懂哀嚎、埋怨的人。

有一個從小就失明的盲人，自從懂事以來，便一直爲了這個天生的缺陷而

煩惱、沮喪。

他心裡相當不平衡，經常對人們抱怨說：「這一定是老天爺故意要給我的懲罰，我這一輩子肯定完了。」

有一天，他向指導他的老師抱怨時，老師開導他說：「你知道嗎？這個世界上的每一個人，其實都是被上帝咬過一口的蘋果，所以每個人都是有缺陷的，只是有些蘋果被咬得比較大口而已。」

老師接著說：「不過呢！這些蘋果之所以會被咬得比較大口，那是因爲上帝特別鍾愛這些蘋果的味道呀！」

這個盲人一聽，頓時領悟，他開心地微笑說：「謝謝您，我明白了！」

受到相當鼓舞的他，從此開始振作起來，決心要向命運挑戰。

不久之後，他便成了一位非常著名的推拿師父，幾乎每個人來到診所中都指名要他醫治。

曾經有人問起他的成功，他總是笑笑地說：「感謝上帝讓我失明！」

好一句「感謝上帝讓我失明」，能樂觀面對人生的人，又怎麼可能會看不見自己瑰麗的將來呢？

面對困境，面對殘缺，我們可以這麼相信，這是上天給我們的特別考驗，千萬不要氣餒，要多給自己信心。

因爲，一旦遇到了困難，只要我們願意勇敢面對，接下來我們便會得到上天的支援，感受到老天爺的關愛！

所以，我們會經常聽到一些成功人士這麼說：「感謝老天爺，要不是當初跌的那一跤，今天的我恐怕不會那麼成功。」

付諸行動才不會淪為癡人說夢

想要完成心中的夢想目標，就一定要付諸行動，只會空談的人，不管計劃多麼周詳，理想多麼偉大，始終都是癡人說夢。

人們常說：「說一尺不如行一寸，坐而言不如起而行。」如果空有滿腔抱負和願景，卻遲遲沒有展開行動，結局只是一場春夢；當然，行動之時要弄清目標，如果「想要把磚頭磨成鏡子」，我們又怎麼可能會有實現理想的一天？

懷讓禪師與馬祖禪師是唐代的著名高僧，在他們修道悟禪時，曾經有這樣的一段互動。有一天，懷讓禪師看見馬祖禪師非常專注地坐禪，便好奇地問他說：「請問，你坐禪是爲了什麼？」

馬祖答道：「想成仙佛。」

沒想到懷讓聽完馬祖的話，轉身就離開。不久，卻見懷讓禪師手中拿來了一塊磚頭，並正坐在馬祖禪師的面前，慢慢地磨了起來。

馬祖不解地問：「請問，您磨這塊磚頭要幹什麼啊？」

懷讓笑著回答：「我想把磚塊磨成鏡子。」

馬祖搖了搖頭說：「磨磚怎能磨成鏡子呢？」

懷讓一聽，連忙反問他：「那麼，你坐禪又豈能成佛？」

馬祖便問：「那麼要怎樣才能成佛？」

懷讓說：「這就像牛拉車，如果車子不動，你是打車子還是打牛？」

這是相當著名的禪門公案，幾乎所有的宗教都教導人們：「要能忍受苦行，才能修得圓滿的正果」，但是，懷讓禪師卻對這樣的迷思當頭棒喝：「坐禪豈能成佛？」

走出神佛之道，來到歷史的長廊中，我們可以看見戰國時的趙括，一個擅長談論兵法的主帥，不懂得實際運用所造成的悲慘後果。

當他終於有機會上場時，卻見滿肚子的兵法，全部展現在長平之戰的不堪一擊上，而人們這時才清楚看見，他所說的兵法原來全是空談，可是不能靈活運用的結果，卻已讓趙國幾十萬大軍白白地犧牲了。

赫胥黎曾說：「人生偉業的建立，不在能知，而在能行。」

想要完成心中的夢想目標，就一定要付諸行動，只會靜思空談的人，不管計劃多麼周詳，理想多麼偉大，始終都是紙上談兵，癡人說夢。而且，行動之時要搞清楚自己的目標和方法，才不會做出「拿磚磨鏡」的蠢事，就像懷讓禪師所說的，牛車不動的時候，你要弄清該打牛，還是打車子。

只要肯面對就能走出困境

勇於面對，願意負起責任，是所有成功者的必備特質，因為他們知道：「逃避不是辦法，勇於面對，才能迎接光明的未來！」

《傳光錄》裡寫道：「人之謗我，與其能辯，不如能容；人之侮我，與其能防，不如能化。」

這是因爲，事實的眞相只有一個，只要我們問心無愧，就能坦然面對，而毫不在意別人的誹謗與欺辱。

對於一些人爲帶來的恥辱或意外造成的不良後果，你都會怎麼看待？你是否能堅定地對自己說：「我一定要勇敢面對並負起一切責任」？

三年前，阿明受聘到到一家大公司任職。

這家公司的經理是一位四十歲的男子，他每次出現時的表情，從來都是嚴肅而刻板的模樣，讓人難以接近。

有一次，阿明跟著他外出，在車上，經理忽然對他說了自己的故事。

十年前，這位經理受僱於一家染織公司當業務員，由於他的勤勞能幹，原本負債累累的公司，在很短的時間之內有了轉機。

當時，老闆非常欣賞他，經常邀請他到家裡作客吃飯。沒想到老闆的獨生女居然愛上了他，經常偷偷地送他一些精美的小禮物。其實剛開始時，他眞的不敢收，但後來礙於情面，只好收下了。

就這樣過了兩年，有一天，他認眞地面對自己的感情，發現自己對她始終是有距離的，於是，坦白告訴她自己無法給予她一切後，她既生氣又難過，後來居然尋短了。

經理忍不住搖了搖頭嘆氣，接著又說：「疼愛她的兩個哥哥對我咆哮不已，還揚言要我償命。」

當時，他決定要拿出所有積蓄來賠償，周遭的朋友卻勸他快一走了之，但他一點也不想這麼做，他對自己說：「一切因我而起，我必須面對這一切，是死是活都無所謂，重要的是，我必須面對！」

於是，他來到老闆的家，一群老闆的親友們向他推擠過來，作勢要修理他，這時，女孩的父親，即他的老闆卻向其他人擺了擺手，示意大家不要衝動，接著走上前，並緊握著他的手說：「你願意來面對這一切，正說明你是個有擔當、富眞情的人。」

勇於面對，願意負起責任，是所有成功者的必備特質，因爲他們知道：「逃避不是辦法，勇於面對，才能迎接光明的未來！」

一如受人敬重的美國總統羅斯福，年輕時因爲患了腿疾，讓他在爬樓梯或行走時，總得辛苦地運用雙臂，來支撐他前進的步伐。

然而，這個吃力背影，卻從來沒有換得人們的同情與支持，反而有許多人喜歡跟在他的身後，故意嘲笑他。

面對這些嘲笑，堅強的羅斯福總是地對自己說：「我能夠勇敢面對這些恥辱，有一天，我一定會讓他們的嘲笑聲變成讚美聲。」

人在成功之前，必定得先迎戰一切難能可貴的磨練。懂得轉化生命困境的人，能夠面對生活阻礙的人，不會將這些困難或阻礙視爲恥辱，而是堅定相信：「這些都是我人生中最難得的磨練機會，累積這些磨練的機會，就沒有衝不破的難關，最後，我一定會成功的！」

樂觀讓生活處處都有希望

對樂觀的人來說，眼前的失敗是一個經驗，即使不小心跌倒了，也只是拍拍身上的灰塵，然後站起來，輕鬆地往前走。

你有沒有發現，每當你遇見悲觀的人，即使再好的心情，都會被他們被攪得非常糟亂。反之，當你與樂觀的人接觸時，就算低氣壓的心情也會立即被對方的樂觀所感染，還會告訴自己：「像他們那樣，快樂地過日子不是很好嗎？笑一笑，什麼難關都會過去的！」

愛迪生一天工作十八小時以上，而且樂在其中，他經常對人們說：「工作有成就，是人生眞正的樂趣。」

這位大發明家還認爲：「睡眠就像服用藥物一般，一次用量太多，腦袋會變得更加不清醒，所以，我認爲休息是一種浪費的行爲，不僅活力減少了，還會錯過許多機會。」

於是，致力於研究發明的愛迪生，三十歲發明了留聲機，將聲音錄在唱片裡，讓人們可以永遠聆聽。接著是電燈泡的發明，進一步開啓了新世界，更照亮了全世界；其他像是擴音器、影印機、醫學用的螢光屏，鎳鐵電池和電影……等等，都是他緊緊把握住時間所換來的發明。

曾經有人質疑過：「難道他從來都沒有失敗過嗎？」

當然有，而且他失敗的經驗比任何人要多，就像他發明的第一件專利品「電動投票記錄器」，就是一個很好的例子。

當時他申請專利權時，完全申請不到獎金，而這份心意也得不到議員們的支持，國會並不願意購置這個記錄器。

還有一次，他傾盡家產，設計了一款用來分離鐵礦中雜質的機器，最終因為人們發現了豐富的高質鐵礦，而令這項設計完全白費。

然而，面對種種困難與失敗，愛迪生卻從未氣餒，他時常對合作夥伴們說：「我們沒有失敗，因為我們已經知道了，有一千種計劃是行不通的，經歷過這些失敗的經驗之後，我們很快地就會找到成功的方法。」

曾經有一次，他最重要的經濟來源，那間製造電影、唱片等器具與設備的工廠，不知何故，頃刻間毀於一場無名火中。

當時火勢相當猛烈，一直到第二天清晨才控制住，當火勢才稍稍變緩，愛迪生便召來全體員工，大聲宣佈：「接下來，我們準備重建！」

於是，他開始派任每個人一項任務，有人去租附近的舊工廠，有人則被派去商借伊利鐵路公司的大吊車，當一切都指派完成後，樂觀的大發明家忽然補充一句：「唔，有誰知道哪裡可以弄到錢嗎？」

這個問句令在場所有人都停下了手邊的工作，紛紛吃驚地看著他，只見愛迪生若無其事地微笑說：「舊廠燒了也好，我們可以在廢墟上建立一座更大、更好的工廠，不是嗎？這一切也算是因禍得福吧！」

心理學家賽爾格曼曾經指出：「樂觀的人，身心比較健康，也比一般人更善於解決問題。」

對照愛迪生的這則軼聞，我們不僅可以佐證這個理論，更能提供我們一個成功解決問題的方向。在我們的身邊，便有許多抱持樂觀與悲觀態度的人，而我們也不難發現他們成功與失敗的原因。

對樂觀的人來說，眼前的失敗是一個經驗，即使不小心跌倒了，也只是拍拍身上的灰塵，然後就站起來，輕鬆地往前走。而對悲觀的人來說，眼前的失足，恐怕會影響到往後的步伐，可能會擔心未來的日子怎麼辦？

於是，從愛迪生解決問題的過程中，我們也學會了一件事：「樂觀一點，機會就不易失去。」

充滿鬥志，人生就有新的開始

成功者即使到了生命即將結束的前一刻，仍然會憑著一股鬥志，也要讓生命精彩的部分發揮出來。

人生不可能重來，唯有保持高昂的鬥志，才可能讓人生有不斷發光發熱的機會，也唯有這樣，生命的意義與價值可以深化，那麼，有限的人生自然可以發揮無限的能量。

哈倫德靜靜地埋伏在草叢裡，他正等待著、思索著。他回想自己五歲喪父

之後，便靠著自己的力量長大，十四歲時，他從格林伍德學校輟學，從此展開了流浪的生涯。

他曾經在農場裡工作，也做過售票員，一直到十六歲時，他謊報年齡而開始了軍旅生活，但這些經歷全都是灰暗的，不管他怎麼回想，似乎從小到大，每一個階段的不順遂，在在預示著他這一生要悲慘度日。

即使退伍後，他的日子依舊悲慘如昔，他怨恨地對自己說：「認命吧，哈倫德，你永遠都無法成功了。」

把思維拉回到現實中，當時，他正躲在若阿諾克郊外的一個草叢中，因爲，他正計劃著一項綁架行動。

他觀察到，有一戶人家的小女孩，每天下午都有一段固定的玩樂時間。

但是，他等了一個下午，女孩卻在這個關鍵時刻消失了，突然覺得受挫的他，氣憤地想：「我還是無法突破這一連串失敗的命運！」

後來，他考進了一家餐館主廚兼清潔的工作，而且一做就將近十年，直到他接到了退休通知時才驚覺，他的人生已經過了大半。

他認爲自己一生還算安分，包括他那次未遂的綁架念頭，因爲，當初他要綁架的小女孩，其實是自己的女兒，在行動失敗後的第二天，離他而去的母女倆再次回到了他的身邊。

如今，他們虛度了大半輩子，一家人卻一無所有，要不是郵遞員那天送來第一張社會保險的支票，他還不會意識到自己已經老了。

當哈倫德拿到那張保險支票時，承辦人員對他說：「我們實在很同情你，其實年輕時你擊不中球，就不必再繼續打了，現在該是你放棄一切，好好退休、養老的時候了。」

退休那天，餐館裡的同事與老顧客對他說：「我們會想念你的！」

看著插了六十五根蠟燭的生日蛋糕，加上一張政府寄來的退休金支票，以及附註的話：「你年紀老了，好好退休吧！」

當看到那「老」字時，哈倫德心頭一震，氣憤地拿著那張一百零五美元的支票，對自己說：「我就不相信，我的人生只有這樣！」

於是，六十五歲的哈倫德憑著這張支票，開創一番嶄新的事業。

後來，他的事業可說是欣欣向榮，八十八歲時，更是發展到巔峰。六十五歲才開始激發昂揚鬥志的哈倫德．桑德斯上校，就這樣以第一筆社會保險金創辦了全世界聞名的肯德基炸雞連鎖店。

一生充滿傳奇與顛簸的桑德斯上校，雖然歷經了五十年的窮困潦倒後，才找到人生的方向，但是在他生命終結的時候，伴隨他的是成功的榮耀又有多少人回頭計算他那五十年的潦倒時間呢？

其實，生活隨時都可以改變，人生也隨時可以有新的開始，可能與不可能的關鍵，不在於你的年齡或能力，而是你有沒有「鬥志」！

從桑德斯上校的身上，我們可以看見，成功者之所以永遠能戴著成功的光環，那是因爲他們即使到了生命即將結束的前一刻，仍然會憑著一股鬥志，也要讓生命精彩的部分發揮出來，一點也不願浪費。

思考寬度決定生命韌度

每個人都可以讓自己的生活過得很精彩，一定要記住：「凡事用不同的角度去看、去想，生活處處都有精彩火花。」

《藏地密碼》是一部撼動現代人心靈的探險巨著，書中蘊藏著許多人生哲理，作者何馬就曾在書中透過主角卓木強說過一番讓人心有戚戚焉的話語：「人，不一定要去改變什麼，但是一定要找到自己。要找到自己，其實也很容易，有時，只需要多一點點決心和勇氣，就可以做到。」

人只要找到自己，就會賞識自己，激發前所未有的潛力。

人只要找到自己，就會激勵自己，對人生抱持更積極認眞的態度。

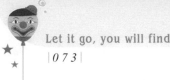

愛迪生一生成就非凡，最難能可貴的是，小時候便失聰的他，對於自己的缺陷一點也不在意。

每當人們以同情的眼光看著他時，他總是反過來安慰人們說：「我從十二歲開始，就從來沒有聽過鳥叫了，但是，聽不見並不是一種障礙，對我來說，那反而是有助益的，因爲耳聾，讓我在讀書的時候能夠更加專心，最重要的是，我可以省去很多聽人家閒聊八卦的時間。」

曾經有人問愛迪生：「雖然如此，但是可以清楚地聽見聲音，總是比較好吧！爲什麼你不要發明一些助聽器呢？」

愛迪生搖了搖頭說：「請問，你一天二十四小時裡聽到的聲音，有多少是非聽不可的？」

接著，他又補充道：「其實，一個人如果必須大聲喊叫，那麼他肯定是個不會說謊的人！」

如此樂觀而獨特的思考，爲他帶來更多人們的敬重，即使他是個聾子，即使人們與他交談必須大聲喊叫，但是許多人還是非常喜歡聆聽他的言論，聆聽他精闢的人生見解。

曾經，有位記者請他提出一些給青年人的忠告，他卻說：「年輕人是不會接受忠告的，因爲他們需要的是親自經歷。」

有人問他，幸福和滿足是否値得爭取，他卻說：「如果有人日子過得幸福且滿足，那麼我可以斷言，這個人必定是個失敗者。」

一直到在八十歲，愛迪生仍然在研究室中生活，而且還在研究他從未曾研究過的植物學，他將一萬多種植物加以試驗與分類，之後，終於研究出從紫苑科植物中抽取大量膠汁的方法。

曾經有記者問他：「如今科技這麼進步了，會不會導致生產過剩呢？」

大師微笑著說：「人類的需求不會有止境的，因此所需要的東西，也不會有生產過剩的時候。除非，我們肚子裡的容量已經滿了！」

「少聽一點、積極一點、樂觀一點」，這就是愛迪生的生活態度，從中也蘊藏著寬廣的思考角度，足以作爲現代人行事立業的參考。

少聽一點，我們可以省下更多時間，做自己想做的事，也才能從親自體驗中，累積出屬於自己的成功經驗與感動。至於積極、樂觀，更是創意生活的催化劑，一旦生活缺乏積極的動力，生活便只是一本又一本重複抄寫的流水帳，最終會讓我們失去生活的方向，甚至失去了生命的熱情。每個人都可以讓自己的生活過得很精彩，不過，期待精彩生活的人，一定要記住愛迪生的話：「凡事用不同的角度去看、去想，生活處處都有精彩火花。」

別把才能用錯地方

在尋找機會發揮所長的時候，我們都要謹慎地提醒自己：「你的才能一定會有發揮的空間，但是，千萬不要用錯了地方！」

你準備讓自己的才華，怎樣好好地發揮？

我們都有無限的潛能，即使是後天學習而來，也都是我們獨有的才能，能朝著正確的方向去發展，你才能看見實力展現時的耀眼光芒。

每年國慶當天，在這個偏遠的小國中的婦女們，都必須在頭上戴上一朵缽

羅花，爲自己妝點出華貴美麗的形象。

然而，有個貧窮的婦人卻連一朵缽羅花都買不起，而疼愛她的丈夫雖然找遍整座山林，仍然找不到花朵可以爲妻子佩戴。

面對這樣的窘況，妻子埋怨道：「你看，所有人都準備好花朵了，就唯獨我沒有，你實在太沒用了，我告訴你，如果你沒本事弄到一朵缽羅花來給我，我就要離開你了！」

男子一聽見這話，連忙著急地承諾：「親愛的，我一定會找到缽羅花的，請妳放心。」

害怕愛妻會離他遠去，男子苦思了一夜，最後居然把腦筋動到了皇宮中：「啊！國王御池裡不是種了很多缽羅花嗎？我可以到那裡偷摘啊！」

但旋即他又想到：「萬一被捉到了怎麼辦？啊！我不是會學鴛鴦叫嗎？被發現時，學鴛鴦叫幾聲，應該就能躲過了啊！」

於是，他等到夜深人靜時，偷偷地潛入國王的御池裡。

正當他準備行動時，忽然前方傳來一個聲音，原來是守池的人聽見水池裡

有聲音：「是誰？誰在池子裡？」

男子被叫喊聲嚇著，居然不自覺地說：「我是鴛鴦！」

守池人一聽見人聲，連忙叫來其他人，立即將他拿下，並送交國王的面前治罪。這時，男子懊惱地連聲學著鴛鴦的聲音哀鳴著，守池人一聽，冷笑道：「沒想到你學得那麼像，只是，你剛才不叫，現在才叫有什麼用啊？」

這是收錄在《百喻經》裡非常有意思的一則小故事，在現實生活中，我們不就經常發現這類誤用才能的人。

每個人都有無限的潛能和天分，即使是後天才養成的，也都是我們走向未來的重要實力，怎樣才能充分運用，必須考慮到人事時空等因素。

然而，在尋找機會發揮所長的時候，我們都要以這個故事爲警戒，隨時隨地謹愼地提醒自己：「你的才能一定會有發揮的空間，但是，千萬不要用錯了地方！」

不肯認真的人最愚蠢

常識由生活習慣與生活經驗所累積，當人們笑我們沒常識時，你是否也驚覺，自己居然不認真生活，白白浪費了珍貴的時間？

知識是生活上的一種輔助，常識則是生活中的基本能力，而我們在成長過程中，經過不斷地學習、吸收知識和常識，透過各種機會累積經驗，以迎接未來生活的挑戰。

在一個農村裡，有個農夫爲了生計，買來一頭母牛，非常認眞地照料著。

但是，自從他開始養這頭母牛之後，他又多了一項煩惱，因爲母牛如果生乳不夠時，令他心煩，而母牛的生乳如果分泌太多，他更煩惱著：「這麼多的牛乳要放哪啊？」

有一天，他突發奇想：「咦？自從買了這頭母牛之後，我還未向衆親友們告知這個好消息，不如藉此機會舉辦一場宴會，讓大家知道，我買了這頭母牛，順便與大家聯絡一下感情。」

農夫拿定主意後，便立即邀請衆家親友們來訪，當他發完邀請函後，回到家中，卻又一刻也不停地想：「啊！請來那麼多朋友，我要怎麼準備牛乳的量呢？如果要一人一杯新鮮牛乳，所需要的牛乳量恐怕也不少吧！」

農夫想了一會兒，恍然大悟似地說：「啊！我想到了，從今天起，我就別再擠牛乳了，先讓那些牛乳儲備在母牛的肚子裡，等到宴會那天，我再一杯一杯地擠出來給大家喝，那肯定就夠了，而且這麼一來，大家還可以喝到新鮮牛乳呢！哈，太好了，我果然是聰明的！」

認爲自己已經安排妥當的農夫，便開開心心地回房睡覺，滿心歡喜地等到宴會到來的那一天。

期待的日子終於到來了，農夫忙了一個上午之後，換上了一件新衣服，開心地等待貴賓們的駕臨。

當大家都入席後，農夫牽來母牛，笑嘻嘻地對大家說：「歡迎大家光臨寒舍，我養的這頭母牛，所生產的鮮乳相當美味可口，而我也從好幾天前便開始保存，就等今天要與大家一起分享！」

於是，農夫站定好位置和角度，開始努力地擠取乳汁。

怎料，不管他怎麼擠就是擠不出一滴牛乳出來，看著長時間沒有擠乳而收縮的牛乳頭，農夫居然也沒發現。

急了一身汗的農夫，在衆人面前出糗，氣憤萬分，開始罵道：「我少了幾天收入，小心翼翼地將這幾天的牛乳份量都存在牛肚裡，爲什麼現在都沒有了呢？到底是誰偷走了？可惡的小偷，他一定會沒好下場！」

現場賓客聽見農夫如此罵道，不禁哄堂大笑，而愚笨的農夫居然完全搞不清楚問題所在，忿忿地看著大家說：「你們怎麼這麼沒有同情心啊！」

看完了故事，相信你也和大家一樣，都忍不住要嘲笑農夫實在是個「大傻瓜」，套一句流行已久的話叫：「沒有知識也要有常識。」

知識與常識都是我們必須學習的，不過，由於每個人的學習能力不同，在累積知識的過程中會有不同的結果，也因此，寬廣無限的知識領域，我們可以以學習有限的藉口，承認自己的不足。但是，關於基本的生活常識，我們卻沒有藉口可以推諉。

因爲，生活常識是由生活習慣與生活經驗所累積，這些都與我們切身相關，就像故事中的農夫，以母牛維生的他，居然沒有認眞去研究母牛的習性，沒有用心去觀察母牛的生理狀態，這些錯誤並不能單單用「愚笨」來解釋，而是要以「不認眞」，來斥責他對生命的忽視。

反省自己，當人們笑我們沒常識時，你是否也驚覺，自己居然也和故事中的農夫那樣不認眞生活，白白地浪費了珍貴的生命時間？

及時享受你所擁有的財富

財富和人一樣，都要活在「當下」，才能顯現價值，不要只想留給後人，你留下的，很多時候會成為他們的負擔與麻煩。

曾經有位大師說：「錢要用了才是我們自己的。」

所以，對那些只知賺錢而不知享受的人而言，被鎖在保險櫃裡「一輩子」的錢，最終只能算是一堆沒有用的紙。

曾經有個商人到朋友家拜訪，當他看見朋友富麗堂皇的三層樓房時，心中

很是羨慕，不禁想著：「唉，我辛苦了大半輩子，積聚了那麼多的財寶，卻只住在那樣一間平房裡，實在太寒酸了，不如，我也來蓋一棟這樣漂亮的樓房，住起來一定很舒服。」

他問朋友蓋這棟樓房花了多少錢，當朋友告訴他數字之後，他卻驚呼道：「什麼！要這麼多錢，太貴了吧！」

原來這個商人是個守財奴，平常一毛錢都捨不得花，只是吝嗇小氣的他，不想花錢卻又要貪圖享受。

等到他回到家後，心裡又想：「啊！我何不蓋第三樓就好，把第一樓和第二樓省略不蓋，這樣不就可以省下三分之二的錢了嗎？」

於是，他找到一家建設公司，問老闆：「你們能建造三樓的房子嗎？」

老闆沒聽清楚，便應聲出來，並拿出了很多藍圖來給他參考。

但一字不識的商人卻搖搖頭說：「不用看了，我現在領你去看我朋友的房子，我只要跟他的一樣就好。」

隨後，老闆跟著他來到朋友的房子面前，商人則再次叮嚀：「知道嗎？我要完全和這棟房子一模一樣，一定要建得像三樓那樣的，你看那第三層樓房，多麼漂亮！」

老闆連忙回答：「沒有問題，沒有問題，不要說三層樓，要我們建十多層的房子都沒問題！」

就在朋友家的外面，他們議妥一切之後，便決定開始動工了。

但是，經過了一個月，建商只打好地基，第一層都還沒有開始蓋。

這時，商人一看非常生氣，對建商老闆怒斥道：「豈有此理！你們怎麼那麼慢？開工這麼久了，爲什麼還不能把房子蓋好？我要你蓋的是三樓，你爲什麼偏要從下面開始？」

老闆不解地問：「蓋房子當然從第一層開始啊！先打好地基，然後才能一層一層地往上蓋。」

聽見老闆這麼說，商人非常生氣地罵道：「胡說！我只要建第三層樓，不要一樓和二樓。你花了我那麼多的冤枉錢，眞讓人心痛。你們走吧！我要另外找人來蓋！」

老闆聽見商人如此無理取鬧，怒吼道：「我從來沒見過像你這樣莫名其妙的人，哪有人這麼不講理的，我告訴你，不管你到哪裡去問，肯定沒有人能只蓋『第三層樓』的！」

「什麼地基天基，不要囉嗦了，快滾吧！」

此後，商人找遍了所有建商，當然沒有人有法子凌空建造三樓一層而已。但愚笨的商人卻一點也不懂，他還四處責怪人家：「全是些飯桶，那樣美觀實用的第三樓都不會蓋，只想著要蓋第一樓和第二樓，那有什麼用？」

故事的重點在那「第三樓」，那正是所有希望享受生活，卻又不肯多花錢的守財奴心中的「空中花園」。

其實，很多人都是辛辛苦苦地賺進大把鈔票，卻一點也不懂得享受、運用，這是許多守財奴的特點，他們心疼自己辛苦賺來的錢，總是寧願啃著乾饅頭過日子，然後抱著鈔票每天一張張地細數。

我們並不鼓勵奢華，只是想告訴辛苦賺錢的你：「在金錢的世界裡都是『有出才有進』，不必死守錢財，若能適度地運用在生活品質的提升上，接著，你就會看見財源滾滾的新契機。」

財富和人一樣，都要讓它們活在「當下」，才能顯現它們的價值，錢財當用則用，不要總是放在口袋，也不要只想留給後人，因爲你留下的，很多時候都會成爲他們的負擔與麻煩。

3. 知福惜福 才是最大的幸福

人間的一切事都在冥冥之中有了安排，

本來就由不得你打如意算盤，

更何況是憑空飛來的財富呢？

跌倒七次，站起來八次

日本當代名作家池田大作在《青春寄語》裡說：「人生恰恰像馬拉松賽跑，只有堅持到最後的人，才能稱為勝利者。」

美國名牧師弗列特．羅伯林說：「信念可以使人變強，懷疑會麻痺人的活力，所以，一個人對自己的信念就是超強的力量。」

跌倒的人只要能馬上再站起來，那麼，他就已經比別人多了一次機會，也比那些還躺在地上呼天搶地的人，往成功的路上多跨了好幾步。

有一位父親很苦惱自己孩子的未來發展，因爲他的兒子已經十六歲了，卻相當自卑、懦弱，一點男子氣概都沒有。

於是，父親前去拜訪一位知名的空手道教練，懇請他訓練自己孩子的體魄。這位教練沈吟了一，說道：「好吧，你把孩子送到我這裡，三個月後我一定可以把他訓練成堅強勇敢的年輕人，不過，你必須記住，在這三個月裡，你不可以來看他。」

父親雖然有點難捨，但是爲了孩子的將來，還是同意了。

三個月後，父親來接孩子，教練於是安排孩子和一個空手道選手進行一場比賽，以展示這三個月來的訓練成果。

但是，情況卻和父親想像的相差甚遠，只見選手一出手，孩子便應聲倒地，雖然他很快地再站起來繼續迎接挑戰，只是馬上又被打倒，於是他又再次站了起來，就這樣來來回回一共被打倒七次，站起來八次。這時，教練問站在一旁觀看的父親：「你覺得你的孩子表現得夠不夠堅強勇敢？」

父親鐵青的臉上難掩失望之情，說道：「眞是讓人羞愧，想不到我送他來

這裡受訓三個月，看到的結果卻是這副慘狀。唉，他竟然辜負了您的訓練，被人一打就倒。」

教練聽完，不以爲然的說：「這種講法並不正確，因爲你只看到了表面的勝負，難道你沒有看到你的孩子倒下又站起來的勇氣和毅力嗎？其實，他已經具備面對生活的正確態度了啊！」

日本當代名作家池田大作在《青春寄語》裡說：「人生恰恰像馬拉松賽跑，只有堅持到最後的人，才能稱為勝利者。」

世間沒有萬勝不敗的英雄，人生的光榮也不在於永不失敗，而是在越挫越勇的精神和在行動中摘取勝利的果實，只要站起來比倒下去多一次，那麼你就是成功的人。

尊重，就是最好的互動

人的內在心向的發展是無法控制的，所以要讓人心悅誠服，與其制定各種法令約束，不如得到他們心中的認同和支持。

人的心思像是無法探測的井，深不可測，每個人也都有權利選擇自己的生活方式，縱使在不得不然的情況下只能在特定範圍內活動，但思想的無住飛馳，卻是誰也不能掌控的。

有個生性多疑的國王下令要他的三千嬪妃，全都禁足於宮中，終身不得走

出宮門，以免被宮外的臣民看到，然而這些嬪妃們從年輕時便已進宮，有人一直禁守到中年，都不見得看得到國王。

這樣的禁令讓生性仁慈的王子非常苦惱，有一天晚上，他煩惱得睡不著覺，便偷溜出宮，來到郊外散心。

在朦朧的月光下，他爬到一棵樹上休息，過一會兒，有個魔術師也走了過來，並來到樹下休息，不過，他沒有發現樹上的王子。

這時，魔術師從口中吐出一個壺瓶，壺瓶中忽然跳出了一個女人，只見這個女人笑嘻嘻地坐在魔術師身旁，陪著魔術師吃喝玩樂。

不久，魔術師睡起覺來，女人見主人睡了，居然從口中也吐出了一個壺瓶，而壺瓶中竟然也跳出了一個男人。

於是，兩個人玩樂了一會兒，男人才跑回壺瓶，一切又回復到原來的樣子，由於魔術師睡得很沉，當他醒來時，一點也不知道先前發生了什麼事。

不過，坐在樹上的王子卻看得相當清楚，而且從這件事情中，他還爲母后她們想出了一個解決方法。

王子回宮後，便請求父王賜宴群臣，還特別邀請那位魔術師參加。

宴會當天，王子親自招呼魔術師，引領他來到一個放了三張椅子的位子，魔術師見狀，不禁好奇地問：「怎麼給我三個人的位子呢？」

王子直爽地說：「你心中不是有一個女人嗎？不妨也請她出來吧！」

魔術師知道隱瞞不住，便從口中吐出女人，而王子立即又對女人說：「是妳啊！要不要請妳的愛人也一塊出來呢？」

女人一聽，連忙說她沒有愛人，王子嚴肅地說：「但是，我明明看見妳那天從口中吐出一個男人來啊！」

女人知道瞞不過王子，只好將心裡的男人也吐了出來，國王和群臣看到這種情形，全都呆住了。

這時，王子才把那晚的遭遇一一說明，接著對國王說：「父王啊！每個男人的心中都藏有女人，而女人的心中自然也會藏著另一個人，魔術師這件事給了我很大的啓示。總之，無論您用什麼樣的方法囚禁她們，都無法去除她們的想望啊！您可以禁止宮中的嬪妃出宮，但那終究是形體上的囚禁，她們的心靈您是禁錮不了的！所以，請父王讓那些嬪妃自由行動吧！」

爲了阻止嬪妃們別有二心，國王用禁錮的方式來防止，然而，可以四處神遊的思維，又能如何阻擋？

人的行動固然可以被控制，但內在心向的發展卻是無法控制的，所以要讓人心悅誠服，與其制定各種法令約束，不如得到他們心中的認同和支持。那麼，要怎樣才能收服人心？

其中最好的方法便是「將心比心」，當我們與他人互動時，想要獲得對方的幫忙，便要站在對方的立場著想；希望能得到對方的尊重，就得讓對方感受到相同的尊重態度。

知福惜福才是最大的幸福

人間的一切事都在冥冥之中有了安排，本來就由不得你打如意算盤，更何況是憑空飛來的財富呢？

現實生活中，我們常聽到老一輩對年輕一輩殷殷教誨：「一個人的福分有限，別輕易糟蹋了啊！」

正是知道福分有限，所以他們懂得知福惜福，好讓自己能滿足且自在地享受這些福分，並希望將這不貪不求的美好德性留給後代子孫。

有一天，波羅奈國的國王和群臣到深山裡打獵，晚上還在山林裡夜宿，由於奔跑了一整天，國王梵達摩王一躺下去，便累得睡著了。

忽然，國王的耳邊傳來一陣聲音：「國王！國王！梵達摩王！」

正在睡夢中的國王被這聲音給驚醒，睜開眼睛，再次聽見這個聲音：「國王！國王！梵達摩國王！」

被喊醒的國王，連忙派侍衛到外面察看，不過侍衛什麼也沒看見。

沒想到，這個聲音一連喊叫了三個晚上，讓國王有些害怕，連忙召集群臣，要大家想想辦法。

群臣們猜測是鬼魅在作怪，一致認為必須趕緊想法子驅除。

於是，國王貼出告示，徵召有膽量、有氣力的勇士去捕捉鬼怪，公告上寫著：「能驅除鬼魅者，即有賞金五百兩。」

不久，有個壯碩的窮漢為了這五百兩黃金，決定要與鬼怪拚一拚。

夜色低垂，窮漢一個人靜靜地坐在森林中等待，不久，他果然聽到了一陣怪聲音：「國王！國王！國王！」

只見窮漢大聲地喊道：「你到底是人還是鬼？快點滾出來！否則，休怪我手下無情！」

當他的話一說完，便傳來哀求的聲音：「我不是鬼也不是人，我是被藏在洞中的財寶，可惜，我連夜叫喊國王來帶我回去，他卻不理，你來得正好，現在我們這些寶物決定要贈送給你，不過我有八個同伴，請你回家後把家裡打掃乾淨，並且準備一些飯菜、葡萄汁和牛奶，中午時，我們們會裝扮成修道者的模樣到你家去，等到我們吃完飯後，你用家裡的手杖打我們首領的頭，接著，你再把他放在屋角邊，這樣就能得到寶物了。」

窮漢一聽，不疑有他，還連夜跑回家，在天還沒有亮以前就把家裡整理好了，接著他便到國王那兒，隨便說了一段斬妖除魔的經過，而國王也非常相信他，立即將五百兩黃金賜給他。

窮漢拿著賞金，開心地回家準備飯菜、葡萄汁、牛奶等，還請了位理髮師到家中幫他理髮。不過，時間有點倉促，當他剛理好頭髮時，八個修道者已經來到門口了。當修道者吃完飯後，他便依照原先的約定，拿起手杖，朝著修道者的頭上重重地打下去。

說也奇怪，他這麼一打，八個修道者登時全變成黃澄澄的金瓶子。

不過，這件事情全被來不及出去的理髮師看到了，他看到這種情形，心中又驚又喜，貪慾也油然而生：「我也可以這樣來求發財呀！」

回家後，理髮師也請來了八位修道者，等大家吃完飯菜後，他便拿起一根手杖，往修道者的頭上打了下去。

問題是，他只知其一，不知其二，這八個修道者不但沒有變成金瓶子，還被打得頭破血流，莫名其妙打人的理髮師，最後被帶到官府，接受刑罰。

這件事傳開後，國王派人沒收窮漢所擁有的寶物，沒想到，當那些寶物送到國王面前時，居然一瞬間全變成了毒蛇。

爲什麼國王貴爲一國之尊，卻無緣獲得那些寶物呢？而原本是要給國王的寶物，最後又爲何給了窮漢呢？

還有，理髮師也照窮漢的方法去做，爲何他無緣得到寶物？特別是最後，寶物終於回到了國王手中，但爲何轉眼成空？

這些問題或許也正困惑著你，然而，答案其實很簡單，只有幾個字：「命裡有時終須有，命裡無時莫強求。」

事實上，人間的一切事都在冥冥之中有了安排，本來就由不得我們打如意算盤，更何況是憑空飛來的財富呢？

也許，「富貴如浮雲」才是順乎自然的人生態度吧！

當我們抬起頭，偶爾會看見天空中的美麗雲朵，再仔細一瞧，卻見雲朵不停幻化形狀，隨即被風輕輕吹散，生命中的財富和名聲不也像浮雲一般，難得也易逝，我們又何必一再地執迷其中。

不要把生命浪費在害人的算計上

學會寬容，能敞開胸懷的人，才是真正懂得生存之道的聰明人，用和善與互助的方式與人交流，其實也是保護自己的最佳方法。

人生之所以有亮麗與灰暗之別，是因爲人追求的層次不同，我們應該追求心靈層次的提升，而不要讓過多負面的情緒左右自己。

聰明人從來不會把生命浪費在害人的算計上，因爲他們知道，心越是陷在仇視或對立的情緒裡，到頭來，眞正會受傷、痛苦的人還是自己。

有一隻蜜蜂送了一壺蜂蜜給天神，天神很高興地收下，並道謝說：「謝謝！蜜蜂啊，那我也送你一件東西，只要你說出心中的祈望，無論什麼事，我都會讓你如願。」

蜜蜂考慮了很久，最後冷靜地回答：「神啊！那麼就請您送我一根針，讓我能把人一針刺死！」

天神一聽到蜜蜂的要求，心中很不開心，因爲蜜蜂居然懷著一副害人的壞心腸。但是，一言既出，駟馬難追，而且祂又不能表現出生氣的模樣，畢竟這是自己的承諾，豈能食言？

於是，天神答應道：「好，我就送你一根針，不過，有一件事你必須注意，就是當你刺傷別人的同時，那根針也會同時被拔了出來，一旦蜂針離開了你的身體，那麼你的生命也將同時結束！」

這就是傳說中蜂針的由來。

小小的佛教寓言故事，給了我們多大的啓發？

希望能擁有最強的攻擊能力的蜜蜂，結果也要爲自己多餘的要求而付出代價，這樣的代價就像那些存心害人的人一樣，一心想要報復，最終或許傷害了對方，但是，仇恨的反撲力量往往也反噬了自己。

畢竟，在報復或陷害的過程中，人早已囚困在自設的仇恨陷阱裡，爲了達到害人的目的，仇視者的心中總是充滿了糾結，一個又一個解不開的對立死結，然而，眞正受困於這些結點中的人，不是仇視者自己又會是誰呢？

學會攻擊，不如學會寬容。

能敞開胸懷的人，才是眞正懂得生存之道的聰明人，這種人用和善與互助的方式與人交流，其實也是保護自己的最佳方法。

退一步就是幸福，把心胸放開吧！把心胸放開才能走出封閉的世界，容納更多的友誼，生活起來自然能順心如意。你認爲呢？

把困厄當成人生的重要調色

只要能樂觀以對，就算遭遇困厄，我們也能泰然處之；只要能積極生活，就算是突來的災禍，都將成為我們精彩人生的重要調色。

哲學家羅素曾說：「要使整個人生都過得舒適、愉快，是不可能的，因此，人必須正確地培養應付逆境的態度。」

禍福無常，富貴與貧窮也總是不斷地輪替，而任誰也無法預料，到底人生是否能一直持盈保泰，或是一輩子窮愁潦倒？

有個容貌美麗且衣著華貴的女子，正站在一戶人家的門口敲門。

屋主在裡頭問：「請問您是誰？」

這個女子說：「我是能爲你帶來財富的財神啊！」

屋主一聽，高興地請她進屋，並殷勤而熱烈地款待她。

過了一會兒，又有個女人來到這戶人家敲門了，但是這次卻是個衣衫襤褸、面貌醜陋的女子。

屋主一看，便滿臉不耐煩地問：「妳是什麼人？要找誰啊？」

女子說：「我是會爲世人帶來惡運的魔鬼！」

屋主一聽，大吃一驚，連忙催她離開，並準備立即關上大門。

然而，這個女子卻大聲地說：「等等，剛剛進門的財神是我的姊姊啊！我們姊妹倆從來都是形影不離的，如果你不讓我進去的話，那麼，我姊姊也不會停留在你家的。」

只見醜女說完話後，便轉身離開了。

屋主並沒有把她的話當一回事，可是，就在他回到屋裡，準備請教財神時，那位美麗的財神居然眞的不見了。

看到故事的結尾，我們終於恍然大悟：「原來富貴、貧窮會有輪迴，是貧是富皆在轉眼之間，原來世事如此無常，貧或富根本無須那麼執著。」

儘管我們都相信，人生總是「福禍相倚」，不過，在這不斷交換輪迴福禍的過程中，我們可以掌握的，便是面對人生的態度。

只要能樂觀以對，就算遭遇困厄，我們也能泰然處之；只要能積極生活，就算是突來的災禍，都將成爲我們精彩人生的重要調色。

「生老病死」是人生必經的過程

生老病死不僅是人類的生命常態，也是萬物必定經歷的生命過程，沒有一種生物可以躲開這一場又一場的生老病死。

有生必有死，即使是百歲人瑞也知道：「有一天我還是離開塵世！」所以，貪生、恐老、懼病、怕死是人生過程中不必要的煩惱，何不輕鬆看待，讓一切順其自然。

有一對老夫婦年近半百，好不容易才生出一個又白又胖的男孩，夫妻倆自然是欣喜非常。

幸福的小男孩在老父母的呵護下，一天天地長大了，一直到男孩成家立業，這一家人始終都過著幸福且無憂的日子。

然而，人無千日好，花無百日紅，不幸的事竟降臨到這個幸福的家庭。那天是個百花齊放的好日子，男孩和年輕的妻子相偕到後院散步，他們坐在一棵樹下談天時，妻子忽然看見樹上有一朵含苞待放的花，便對丈夫說：「親愛的，你把那朵花摘下送我，好嗎？」

疼愛妻子的他，很快地爬到樹上。但是，就在他伸手去摘時，忽然「啪」的一聲，樹枝居然折斷了，他從樹梢上摔了下來，當場一命嗚呼。

面對這突然的橫禍，妻子震驚得昏過去，而老夫婦一聽到兒子過世的消息，更是悲痛萬分，幸福家庭從此籠罩在悲傷的氣氛中。

這時，佛陀正巧來到這個小村莊，當他聽說這個不幸消息時，便來到老夫婦的家中，安慰他們：「生死有命，你孩子的死，既不是上天的旨意，也不是誰害了他，世間一切皆有其因緣，人生原本就有許多變數，你們就別太難過了，

把心放寬一些。」

然而，不管佛陀怎麼說，他們還是無法接受，因爲對他們來說，孩子是他們的心肝寶貝。於是，佛陀又對他們說：「好吧！你們就別再悲傷了，讓我把你們的孩子救活吧！」

一聽到「救活」兩個字，老夫婦高興地跪倒在地上，佛陀連忙扶起他們說：「想救活他是可以的，不過，你們必須到沒有死過人的家中，點三炷香回來，那我就有辦法了。」

爲了死去的兒子能夠活過來，夫婦倆立即分頭去找，然而，世上哪有家中沒有死過人的呢？

只見他們垂頭喪氣地回來，佛陀再次開導他們：「所以，你們應該了解了吧！有生必有死，無論你們感情多深，終有一天都會分別，再健康強壯的人也會有死亡的一天，如今，你們的孩子只是早一點離開你們而已，即使現在還活著，你們終有一天都要分開的，不是嗎？」

生老病死不僅是人類的生命常態，也是世間萬物必定經歷的生命過程，我們更可以這麼說，世界上幾乎沒有一種生物可以躲開這一場又一場的生老病死。

在生命哲學的理論中，有生就有死，有死也必定會有生，因而，我們可以換個角度來面對循環不停的生命流程：「看見新生不必過度喜樂，面對死亡也不要過度傷悲，因為生命循環的自然規律，已經在這個地球上循環了千百萬年，而我們也早已在這樣的循環過程中，死生了千百萬年，下一世你們仍會有新的因緣與開始。」

聽完了佛陀的話，你的心是否也放下了呢？

捨本逐末終將一無所獲

時下許多人著急地想踏上成功的階梯，然而，因為過於心急，未能警覺到眼前的陷阱而一腳踩空，掉入了一無所獲的結局中。

無法明辨事理的人，經常執迷於某種偏狹的信仰，或是相信異端邪說，以致於屢屢做出捨本逐末的事情。

這樣的人如無舵之舟隨波逐流，不知道妥善把握現在，而一味地將希望寄託於無法預知的未來。

人們經常反省要珍惜眼前所擁有的一切，然而這一切卻經常在無意間失去，之所以如此，是因爲大多數人總是太過於期待未來，以爲「已經擁有的就不會失去」，而將目標鎖定在不可知的未來。

育有一子的阿春，一直覺得家中人丁單薄，所以，想盡辦法要再生一個孩子，但她盼望了許多年，這個心願卻一直都無法達成。

爲此，她四處求神問卜，最後讓她遇到了一個神婆。

阿春問她：「您有方法讓我再生一個兒子嗎？」

只見這位信奉邪教的神婆，毫不考慮地回答：「當然有囉！這個方法絕對能讓妳再生一個兒子，不過，妳必須先信仰我的天神，並每天虔誠祭拜，更要乖乖地聽我的話，這樣妳的願望才能達成。」

阿春一聽到生子有望，連忙答應說：「只要能給我再生一個兒子，我什麼都聽您的，不知您有什麼方法？」

神婆小聲地說：「這方法很簡單，只要妳鼓起勇氣，把妳現在的兒子殺了，並用他的鮮血來祭祀天神，那麼，妳就可以再得到一個兒子了。」

沒想到阿春聽完神婆的話，居然完全相信，立即也動起了弒子的念頭。

這時，陪在她身邊的友人，聽到她的想法時，馬上阻止並斥責她說：「等等，請妳先仔細地想一想，姑且不論殺害孩子是滔天罪行，妳將來是不是真的能再生一個還是未知數啊！」

阿春聽了友人的話，認真地想了想：「好像是喔！」

朋友見她似乎還未完全清醒，接著又分析：「我知道妳很希望再生一個兒子，但是，妳連第二個兒子的跡象都沒有出現，卻要將已經出生的兒子殺死，到時候妳不是連一個孩子都沒有了嗎？」

阿春這時才恍然大悟，從此不再盲目地相信邪教，也不再四處求神問卜想生下第二個孩子了。

面對心中的夢想或盼望，許多人都像阿春一樣，很容易迷失在捨本逐末的錯誤裡，忘了當下的珍貴與真實，也忽略了未來也是由每一個當下，一步步累積而至的。

於是，我們看見太多類似阿春的人，願意爲「未知的兒子」，而犧牲眼前活生生抱在手中的「寶貝」。藉著這個故事，我們也看見時下許多人企圖「揠苗助長」，著急地想踏上成功的階梯，然而，因爲過於心急，未能警覺到眼前的陷阱而一腳踩空，掉入了一無所獲的結局中。

沒有人不對未來產生好奇，也沒有人不對未來充滿期望，只是，希望一切都能在未來實現，我們就要努力且踏實地紮下根基，那麼枝葉繁茂的未來，終有一天必定會出現在我們的眼前。

心中無愧就不會一再後悔

心懷不軌的人，無論怎樣努力地打直腰桿，因為心中有愧，背脊終究是直不了的。與其祈求神佛寬恕，不如「問心無愧」吧！

爲了幫自己添福添壽，有人四處購買鳥禽放生，更有人壞事做盡，然後再到神佛面前懺悔，祈求原諒與救贖。

然而，刻意地完成「修福」動作之後，回到現實人間，許多人仍然故態復萌，繼續做著他們一再後悔的事。

有一個人爲了達到所謂的「修福」，努力地四處布施。

雖然布施的本意是好的，然而，他爲了布施，卻利用了各種欺騙、敲詐的手段，取得人們的認同或同情，還以不正當的方法換來人們的捐獻，以致於好事也變成了壞事。

不過，執迷不悟的他卻堅持：「我這樣並沒有錯啊！我拿了這些錢去祈福、布施，反而更能爲自己增添福祿壽。」

不久，佛陀聽聞了這件事，便藉此訓示弟子們，並且說了一個庸醫治療駝背的寓言故事。

「很久以前，有個駝背的人來到醫館，請醫師爲他治療駝背的症狀，問題是，這個醫生並非治療駝背的專家，所以他想了許久，都想不出治療的好方法。然而，爲了自己的名聲，這個醫生最後還是勉強地擠出了一個法子。只見他找來兩片木板，然後，他將這個駝背的患者夾在兩片木板的中間，接著用力地將他壓平，企圖用這樣夾心餅的方式，將病人的背脊壓直。但最後，患者的眼珠子被擠凸了出來，而他的駝背則完全沒有醫好！」

故事說完，佛陀告誡弟子們說：「凡是用不正當的手段取得布施的金錢，並不會增添福報，因爲那是一種欺騙行爲，反而會增加自己的業報，那就像故事中醫生以不正當的方式把背拉直，其中道理與結果是一樣的！」

從故事中走出來，相似的情況也常在你我身邊發生，不是嗎？殊不見，許多人爲了所謂的「滅罪」、「祈福」而行善，使用的卻是怪力亂神的詐欺手段，這樣的善又有什麼價值？

佛陀所說的寓言故事，可以讓我們更加清楚地知道，心懷不軌的人，無論他們怎樣努力地打直腰桿，因爲心中有愧，背脊終究是直不了了。

所以，與其祈求上天保佑，期望神佛寬恕，不如「問心無愧」吧！

不要為了私慾而忘恩負義

知恩圖報是利人也利己的事，而忘恩負義的行為，不僅讓有恩於我們的人失望難過，還會為自己帶來無法預料的災禍！

荷蘭思想家史賓諾莎曾說：「我們對於情感的理解愈多，就越能控制自己的情感，心靈感受到的痛苦也就越少。」

私慾與功利容易蒙蔽人的心靈，一旦這樣的誘惑出現時，「恩義放兩邊，利字擺中間」，是大多數忘恩負義者最常見的行徑。

有個樵夫上山砍柴時，不小心迷失了方向，就在這個時候，忽然雷聲大作，驟然降起大雨來，樵夫焦急地尋找躲雨的地方。

只見他倉皇地跑進一個石窟裡，就在他準備坐下休息時，卻看見一隻大熊，正臥睡在角落裡。

樵夫一看，嚇得退了好幾步，然而外面的天空完全變黑，雨又下得非常大，樵夫煩惱著：「我該怎麼辦呢？」

這時，大熊悠然醒了過來，牠似乎了解樵夫的處境，很友善地坐在角落，一點攻擊的神態也沒有。樵夫見狀，原本害怕的一顆心放了下來，不久他也就不怕大熊了，當晚便在這洞穴裡住下。

大雨一連下了七天七夜，樵夫也和這隻大熊相處了七天七夜，大熊頗通人性，在這段時間裡，每天都提供樵夫許多食物。

天終於放晴了，這時大熊走到洞口，還用眼神示意樵夫返家的方向，樵夫卻見到大熊的眼神中似乎有著一絲猶疑。樵夫明白牠的擔憂，撫摸著大熊，說道：「你放心好了，我不會把你的蹤跡告訴別人！」

沒想到，承諾才說完不久，當樵夫來到路口時，便遇到一個手持弓箭的獵人上前詢問：「請問你從什麼地方來的？沿途有沒有發現野獸？」

樵夫得意地回答說：「我是有看見一隻大熊，不過牠有恩於我，我是不會告訴你牠的行蹤的！」

獵人一聽，立即利誘他：「不對吧！你是人，牠是野獸，你寧願庇護一隻熊，卻不肯幫我！不如你告訴我牠的去向，只要我捉住了牠，肯定能發一筆小財，到時候我一定與你平分，如何？」

樵夫聽到有發財的機會，眼睛一亮，於是把大熊的住處對獵人說了。

當獵人捉到大熊後，便回頭與樵夫平分熊肉。

然而，就在樵夫伸手要拿熊肉時，他的兩隻手臂忽然斷落了。

獵人見狀，驚恐地問：「你有什麼罪過？怎麼會這樣？」

只見樵夫滿臉後悔地說：「這隻熊曾經待我如同朋友，如今我卻忘恩負義，出賣了牠，真該受這樣的惡報！」

看著忘恩負義的樵夫所受的惡果，再反思現實生活中的人們，不也經常以「被現實所迫」的藉口，面對曾經幫助他們的人，恩將仇報嗎？

受人恩惠要牢記於心，因爲人活著的最大價值，在於互相感恩。

所謂的「互相感恩」指的是，我們有感恩的對象，而我們自己也是人們感恩的對象。前者表示，在人生的道路上，我們一路都受到人們的協助與照顧，一路上都能遇見生命中的貴人；而後者則表示，在人生的路途上，我們有餘裕的能力去幫助需要幫助的人，也表示我們的生活平順無慮。

所以，知恩圖報才是利人也利己的事，至於做出忘恩負義的行爲，不僅讓有恩於我們的人感到失望難過，還會爲自己帶來無法預料的災禍，可說是害人又害己的事啊！

不再自私，才能彌補自己的不足

試著敞開心胸學會分享，我們才能享受更多的幸福資源，丟開私心，我們才能從別人的生活經驗中見證自己的不足。

私心過重，不僅會讓人失去向外伸展生間，擴大與人之間的距離，從而阻絕了更多意想不到的可能。

也許，我們也要反省一下自己，是否也曾有過這樣的私心？

當你有機會聽著涓涓的泉水聲，望著清澈的水流，從大自然身上，你看見了什麼，又學會了什麼？

是「無私」和「分享」吧！你做到了嗎？

曾經有個要到遠方做生意的商人，因為太早將帶在身邊的飲用水喝光，結果走得又累又渴，正當他氣喘吁吁地吞嚥口水時，忽然看見，前方的石縫中正汩汩湧出一道清澈的泉水。

他連忙跑了過去，卻見這條泉水正靜靜地流入一個木桶中。

商人開心地說：「終於可以解渴了！」

於是，他立即把頭埋進水中，咕嚕咕嚕地喝起水來，直到他不再感到口渴時，才把嘴巴移出水面，滿足地撫著裝滿泉水的肚皮，露出欣喜的笑容。

不過，當他看見水仍然不斷地流入木桶裡時，居然對著木桶說：「我已經喝夠了，水呀，你不必再流出來了，我不需要了！」

但是，不管他怎麼說，泉水仍然不停地流著，商人發現，「水流」似乎聽不明白他的勸阻。

這下可把他惹惱了，只見商人站在水流邊，莫名其妙地大吼大叫著，他似乎想用怒吼的方式，來「嚇阻」不願停止的水流。

坐在水流附近的人們，看見這個怪人居然對著水流大吼大叫，還喝令水流別再流水出來，個個都忍不住大笑了起來。

這時，有個人上前對他說：「喂！你是不是渴昏頭了？你喝夠了，就快點離開那個地方便是，何必非要泉水不再涓流呢？」

商人聽見他們的嘲諷，像是一記當頭棒喝，連忙尷尬地離開。

聽見商人對水這麼說時，你是否也這麼想：「這個人未免太自私了吧！」然而，在現實社會中，我們不也經常遇見這樣的人，他們凡事只想到自己，更希望所有的好事只發生在自己身上，從未考慮到別人。

不懂得放下自己的人總是習慣以自我為中心，凡事都要斤斤計較一番，殊不知，這種習性只會加深負擔，讓自己的「心靈行囊」越來越沉重，最後舉步維艱，陷入痛苦的深淵。

其實，幸福快樂的秘訣就是隨遇而安，只要懂得放下主觀意識，用心體會生活中的每個細節，生活就會更加充實自在。

遭逢不如己意的環境，人難免會焦灼苦惱、惶惑不安，唯有調整自己的心境，不再以自我爲中心，才能擺脫心靈的陰霾。

試著敞開心胸學會分享，我們才能享受更多的幸福資源，丟開私心，我們才能從別人的生活經驗中見證自己的不足。

4. 天堂和地獄 就在轉念之間

面對人生的各項課題，選擇權就掌握在我們手中，

是好是壞、是善或惡，全在你的一念之間！

不要讓負面情緒傷害自己

傷害別人的動作就像是玩彈力球，出手的力道越重，球反彈回來的力量便會越大，隨時會被自己擊出的反彈球打得滿頭包啊！

勵志作家賴爾曾經寫道：「如果你想獲得幸福，那就不要悔恨過去，也不要沉溺於眼前的苦厄，更不要讓自己的內心充滿仇恨。」

不容否認的，我們絕大部分的痛苦大都來自於失望與怨懟的情緒，更糟糕的的是心中對週遭的人事物充滿恨意。

爲了害人卻反傷自己的情況，在現實生活中可說屢見不鮮，那些絞盡腦汁，心裡老想著要挖陷阱讓敵人掉入的人，最後卻常常因爲自己的疏忽，而掉入自設的囚籠中。

恨意只會害人害己，如果你想讓自己過得幸福，那麼，就必須學會退讓一步，把心中那些恨意放下，用積極、開朗、樂觀的態度面對生活。

小張與一個人有仇，長久以來，滿腦子都在想，要如何報復對方。但是，不管怎麼想，就是想不出一個令他滿意的方法，每天困在復仇牢籠裡的他，終日鬱鬱寡歡，已經好久沒有展露笑容了。

朋友見狀，忍不住問他：「你爲什麼看起來那麼痛苦？究竟是什麼事讓你悶悶不樂呢？」

小張氣憤地說：「你不知道，有個人一天到晚說我的壞話，實在讓人非常生氣，這個仇我非報不可。只是，唉，我想來想去，怎麼都想不出一個好方法，實在非常苦惱。」

朋友聽完後，笑著說：「那很簡單啊！你只要學會一種秘咒後，就可以隨時加害他了。不過，在學這個咒語之前，你必須先考慮清楚，想使用這個咒語的人，在使用之前就會先死去，所以到現在爲止，還沒有人眞正使用成功，我想，你還是不要學了吧！免得仇人未死，自己卻先走了。」

沒想到，小張聽完朋友的話後，居然堅定地說：「眞的嗎？快告訴我那個咒語吧！我一定要報這個仇，只要仇人能死，就算我先死也無所謂的。」

於是，被仇恨蒙蔽心靈的小張，眞的去學這個秘咒，最後不僅死在自己的手中，還死在仇人的面前。

爲了幾句不中聽的「人言」，寧願犧牲自己的性命也要報仇的小張，最後又得到了些什麼？

看著小張最終的情況，反諷與警示的力量或許正震懾著你的心，那麼，如果你還在想辦法要扯別人的後腿，是不是該停下你的報復之心，仔細地看一看自己的步伐，是否也即將一腳踩錯，掉入自設的陷阱中呢？

害人之心不可有，因爲，傷害別人的動作就像是玩彈力球一樣，出手的力道越重，球反彈回來的力量便會越大，一個不小心，你隨時會被自己擊出的反彈球打得滿頭包啊！

既然如此，何不放下那些啃食自己心靈的負面情緒？

人生有苦有樂，有毀有譽，保持開朗的心態，才有更寬闊的未來。

如果我們不想讓自己活在哀怨、憎恨的悲慘世界，就必學會用寬厚的心胸包容眼前不如己意的際遇，才不會讓那些負面情緒傷害自己。

佔有越多，失去越多

每個人都會有貪念，也都希望別人為我們多付出一點，而自己能付出少一點，但請別忘了「分工」與「分享」的共體精神。

爲了一己之私，很多人習慣用犧牲他人的方式，來滿足自己的慾望，但是處處想佔人便宜，處處都得不到便宜，因爲，當我們的貪慾一起，其實我們也開始失去更多東西。

索求越多，往往失去更多，唯有懂得「放下就是獲得」的道理，抱持正確的態度，方能讓自己多一點幸福，少一點痛苦。

後退一步，我們才能用開闊視野看待眼前的人事物，不再患得患失。

有個一心想成仙的男子，有天聽說有一種仙水，喝了之後就能成爲仙人，於是他立即起程，尋找傳說中的仙水。

中途，他在一間旅館中投宿，老闆問他：「您想到哪兒去？」

他說：「我要去尋找仙水。」

老闆聽到後，忍不住笑了一聲，隨即見他如此傻氣，居然想捉弄他，便說：「不用找了，我這裡有一棵仙樹，您只要爬上去，跳一段仙人舞，就可以成仙了，不必那麼辛苦找尋啦！」

這個男子聽到老闆這麼說，急切地問：「眞的嗎？請您發發慈悲，快告訴我怎麼成仙吧！」

但是，老闆又說：「現在恐怕不行，因爲樹神曾囑咐我，凡是要求仙道的人，都必須在這兒做一年苦工才可以，否則很難成功……」

男子一聽，連忙說：「沒問題，我一定能做到！」

男子心想：「傳說中的仙水未必就能找到，既然這裡有仙樹，那麼等一年也無妨啊！」於是，他就立即答應，也立即開工，不管多麼辛苦，他都非常努力去做。

很快地，一年的期限就到了，老闆這才想起他的「謊言」，開始煩惱：「我要去哪兒找仙樹呢？」

爲了實現「諾言」，他帶著男子到山中去，隨意地指著山腰上的一棵樹說：「這就是仙樹，你爬上去後，等我叫了一聲『飛』，你就從上面飛躍下來，這樣，你就可以馬上升空成仙了！」

男子一聽，不顧死活地爬了上去，並照著老闆的話去做。

出乎意料地，這個男子居然眞的飛騰起來，凌空而去，從此還得了神通。這讓有心欺騙的老闆驚訝不已：「怎麼會這樣，原本以爲他會從樹上跌下來，沒想到他竟然眞的飛向天空，難不成，這棵樹眞的是仙樹？」

從此，老闆對這棵樹視同珍寶。不久，這個老闆也想當神仙，於是便對兒子說：「我已經老了，這個家就由你繼承，我現在要當神仙去了。」

於是，他和兒子來到這棵仙樹底下，他命兒子在樹下幫他，只見兒子叫喊著：「爸爸！飛！」

老闆像是很有把握似地，猛地縱身一躍，沒想到他並沒有向上升起，而是向下直墜，就這樣，到死前他都不知道爲何丟了性命。

一定有人好奇，怎麼兩個人的結果會如此不同，其實是因爲：「兩個人的『心』不同，所以結果不同了。」

別有居心的老闆，雖然騙到了求仙者的勞力，卻也被自己的心所欺騙了，因爲，他千算萬算，卻忘了計算，有心害人所必須付出的代價。

老闆從明知根本沒有仙樹到完全相信，也正表現出聰明反被聰明誤的愚昧，由於貪婪與有心欺負，最後也吃下了自己所栽種的惡果。

每個人都會有貪念，也都希望別人爲我們多付出一點，而自己能付出少一點，但請別忘了萬物的群居特性，即使是小螞蟻也都知道「分工」與「分享」

的共體精神，更何況是號稱「萬物之靈」的我們呢？

暢銷激勵作家哈伯德曾經這麼說道：「人生最大的幸福，並不是你得到什麼東西，而是在於你放下什麼東西。」

確實如此，幸福的感覺往往從放下的那一刻開始。當我們懂得放下心中的貪念，懂得放下那些想要牢牢掌控人事物的心思，我們才能找到眞正的幸福。

每一個逆境，都是你磨練的機會

日本作家池田大作在《青春寄語》裡寫道：「成功絕對不是別人賜予的，而是一點一滴在自己生命之中築造起來的。」

只有具備不怕失敗的勇氣與鬥志，才可能打造最成功的自己。

一個不敢迎接生命中的各種挑戰，也不懂得將逆境視爲磨練機會的人，成功之路終將遙遠漫長。

回想一下小時候，爲了學會騎腳踏車，我們不是常常摔車，而且弄得渾身是傷，但是我們還不是把它學會了？

找回學騎腳踏車時的精神，把每一個逆境都視爲考驗，只要克服了困境，

你就能因爲堅強，而擁有更豐富精采的人生。

《百年孤寂》的作者馬奎斯，被全球權威文學評論家推選爲世界十大作家之首時，曾說了這樣一段話：「我非常感謝文學評論家對我的厚愛，我也非常珍惜這些榮耀，但是，我更珍惜創作過程所受的各種打擊、挫折和失敗。至今我仍然清楚地記得偉大的編輯家德託雷先生，要不是他毫不留情地退回了我的第一部小說，我就不會有如今的成就……」

原來，馬奎斯二十二歲時，完成了第一部小說《獨裁者的秋天》，這是一本現今各文學評論家評價非常高的作品；可是在當時，這部書稿卻屢遭各出版社退稿的命運。

有一次，當他把書稿送到阿根廷著名的洛柯達出版社後，不久便收到該社審稿的編輯，西班牙著名文學評論家德託雷寄來的退稿，其中還附了一張嚴峻批評：「此書毫無價值，甚至在藝術上也無可取之處。」

這位偉大的編輯家還給他一個相當苛薄的忠告，建議馬奎斯最好改行，從事其他工作，免得浪費生命。

受到這樣嚴厲的批評，相信一般人會因而放棄，甚至會罵德託雷太狂妄高傲了，但馬奎斯在榮獲十大作家之首時，卻以非常誠懇的態度，讚美德託雷是個偉大的編輯。因爲，要不是德託雷的嚴厲批評，馬奎斯就不會有今天這麼偉大的成就。

這次退稿，反而讓馬奎斯更積極磨練自己，因爲他不服氣，儘管面對重重的挫折和失敗，仍然咬緊牙關持續創作，終於榮登世界文學的最高峰，成爲世界級的大師，也得到諾貝爾文學獎殊榮。

日本作家池田大作在《青春寄語》裡寫道：「成功絕對不是別人賜予的，而是一點一滴在自己生命之中築造起來的。」

每一個跌倒，都要把它當作成功之前必經的磨練。

小時候騎腳踏車跌倒，我們可以拍拍屁股繼續練習，現在遭遇失敗挫折，不也應該保有這種精神。

不一定是準備成爲世界級的人物，才需要這樣的堅強，要記住，樂觀地看待眼前的生活，每一種困境都是你磨練的機會，越是嚴苛的考驗，越能讓你有不平凡的磨練和啓發。

執迷不悟就會走上錯誤的道路

人生的方向掌握在我們的手中，踏錯一步，不僅要用加倍的代價重新來過，更有可能因而永遠達不到夢想中的目標。

釋迦牟尼曾說：「色即是惡魔，有決心的人就能離色，得到解脫。」

人世間的各種誘惑無所不在，充滿誘惑的事物往往讓人怦然心動，但這些誘惑暗藏的，正是讓人身敗名裂的暗流漩渦。

人生的路並不長，每走錯一段路，人生路相對便要少掉一截，即使來得及回頭、重新來過，可是走錯的那一段時間終究已經失去。

有個長相平凡的男子娶了一位非常漂亮的妻子，他對於這位美麗嬌妻，可說是呵護備至，有求必應，就像是伺候皇后般地寵愛著她。

但是，這位美麗妻子對於丈夫的付出，卻一點也不感到滿足，居然還紅杏出牆，迷戀上丈夫的一位朋友。

有一天，她趁著丈夫外出做生意時，找來一位媒婆：「我給妳千兩銀元，請妳幫我一個忙！」

媒婆擠眉弄眼地對她說道：「放心，有什麼事儘管向我說，我一定會保守秘密的。」

她語帶嬌嗔地說：「我有一個愛人，爲了他，我願意付出一切，不知道妳有沒有什麼辦法，可以讓我們永遠在一起？」

媒婆想了想，說：「這很容易，只是妳能給我多少報酬啊？」

妻子著急地說：「只要成功了，什麼都依妳。」

媒婆高興地說：「妳放心地回家收拾一切後就走，晚一點，我再找個女屍放到妳的床上，等妳的丈夫回來時，我會告訴他，妳不幸染患急病，已經死了，那不就成了？」

於是，妻子付了錢後便離開，而媒婆也找來一具女屍，並套上妻子的衣服在女屍身上，打扮後倒有些相像。

等丈夫回來時，聽說妻子死了，居然沒有懷疑，還在屍體身邊哭了好幾天，隨後在衆人的勸說下，他才肯將「妻子」火化。

而離家出走的妻子，和情人在一起後，快樂的日子並不長久，畢竟不是每個男人都能像前夫那樣疼愛她，日子久了，覺得眼前這個男子不懂厭煩，而且不懂得疼惜她，這時，她的腦海再次浮現了那個百依百順的丈夫。

禁不住思念之苦，她終於回去找丈夫了。

然而，當她對丈夫說「我是你的妻子」時，丈夫怒氣沖沖地對她說：「我的妻子已經死了，妳是什麼人？為什麼要欺騙我？」

妻子認眞地說：「我眞的是你的妻子，你看清楚一點，那個屍體是別人啊，我沒有騙你！」

然而，不管她怎麼哀求，丈夫始終堅持：「我的妻子已經死了！」

很多人就像故事中的女主角一樣，選擇人生的方向時，明明知道前路不通，或是遇到好心人勸導，說明前方已是斷崖，仍然執迷不悟，執意要走下去，直到來到斷崖邊，發現已無路可行時，這才後悔當初沒聽勸告，懊惱自己怎麼不三思而行。

想一想，你是否也正走在這樣的執迷道路上？

人生的方向掌握在我們的手中，正因爲選擇的權利在我們手中，更要小心謹慎，因爲，踏錯一步，我們不僅要用加倍的代價重新來過，更有可能因爲這一步，而永遠達不到夢想中的目標。

不要用恨意解決問題

不要被斥責幾句就心懷怨恨，也不要把一時的失意，推卸在別人的身上，因為，再多的怨懟與仇視，也無法幫助你解決問題。

日本一代名僧日蓮上人曾經勸告信眾，千萬不要在自己的心田播下仇恨的種子，因爲，恨意無法解決問題，而且，人只要懷著仇恨的心理，就會和仇恨的對象彼此互相傷害，到頭來落得兩敗俱傷。

退一步就是幸福，學會寬容，學會原諒，學會釋懷，是化解對立與怨恨的唯一方法，也是焦慮且忙碌的現代生活中必修的課程，更是迎接開朗人生應當具備的涵養。

有對渴望有子傳承的夫妻，等了好幾年都等不到消息，著急的丈夫後來便娶了一個小姨太。

不久，這個小姨太眞的生了一個又白又胖的男孩，丈夫當然開心得不得了，從此對小姨太更加寵愛，大老婆也慢慢地被冷落一旁。

原本就將小姨太視爲眼中釘的大老婆，眼看著小姨太生了個胖娃娃，自然非常嫉妒，然而在丈夫的寵愛下，她也無可奈何，只能趁著丈夫不在時，才給小姨太臉色看。

男孩剛過完兩歲生日後的某一天，大老婆趁著小姨太不在時，居然拿下金釵，往男孩的頭上刺去，男孩當場血流如注，不幸夭折死亡。

面對這突然發生的不幸，小姨太悲痛萬分，終日以淚洗面，最後因爲太過思念兒子也病倒了。有親友來探望她，都提出一個疑問：「孩子這麼健康，怎麼會突然死了呢？」

小姨太想了想，覺得確實有問題，便要求開棺驗屍。

一開棺，果然在男孩的頭上發現傷口，這讓小姨太更加傷心，因爲孩子居然是被害死的，她發誓：「我一定要報仇，否則我死也不瞑目。」

於是，她前去請教一位當地有名的巫師，巫師對她說：「只要妳齋戒幾個月後，便能如願了。」

愛子心切的小姨太，報仇的心非常急切，以致於在齋戒時期，她的心思被仇恨佔滿，不久竟因過度憂鬱而與世長辭。

在此同時，大老婆卻受孕了，她高興地心想：「眼中釘已拔除，如今又有身孕，丈夫從此只疼愛我一人了！」

不久，大老婆生了一個如花似玉的女兒，夫妻倆都視如掌上明珠，只是很不幸地，她活不到兩歲便死去了。

此後，大老婆一連生了六個孩子，全都活不過三歲便死了。

十幾年來，大老婆因爲愛兒一個接一個夭折，被折磨得心力交瘁。

有一天，有位比丘前來找大老婆，比丘一見到她，便問：「妳還記得那個

小姨太嗎？還有她那兩週歲的兒子？」

這個詢問把大老婆嚇得全身發抖，一句話也說不出來，過了幾分鐘，她才痛苦地將小孩夭亡的原因說了出來，並請求比丘救救她。

比丘告訴她，她那些早夭的孩子們，都是小姨太的冤魂來投胎的，她要讓大老婆也受同樣的喪子之痛。

比丘說：「要解開這個怨結，妳還是到寺院裡做功德吧！」

大老婆立即遵照比丘的吩咐，起身到寺院去。但是，她才剛走到半途，便遇到一條張大了嘴巴的毒蛇，朝著她撲來，她嚇得當場暈了過去。

這時，比丘正巧趕了過來，對毒蛇說：「毒蛇呀！妳應該滿足了吧！妳想想，她只害妳一次，而妳卻報復了六次，這還不夠嗎？現在她既然悔悟，願意爲妳做功德，妳也應該消除這個怨結了吧！難不成妳生生世世都只想在畜生道受苦嗎？」

毒蛇似乎明白比丘的話，只見牠垂下了頭，悵然地離開，當大老婆醒來時，毒蛇已經不見了，大老婆也徹悟以往的過錯，從此便跟著比丘出家修道，在深山中懺悔昔日的過錯。

人生旅程中，痛苦是難以避免的，正由於經歷過種種痛徹心扉的苦楚，人才能編織出屬於自己的幸福之舞。

在仇恨中輪迴，其實是件痛苦的事，簡單地想，當我們心中充滿著恨意與不滿時，生活又怎麼快樂得起來呢？

不要因爲被斥責幾句，就心懷怨恨，也不要把一時的失意，推卸在別人的身上，因爲，心中蘊藏再多的怨懟與仇視，也無法幫助你解決問題。

不要用恨意解決問題，學會放下，學會心寬，不僅能讓我們在快速的生活步調中，掌控好自己的情緒，更能讓我們在繁忙而失序的環境中，眞正地享受自在與舒適的人生。

天堂和地獄就在轉念之間

面對人生的各項課題，選擇權就掌握在我們手中，是好是壞、是善或惡，全在你的一念之間！

《法句經》上有句警語這麼說：「銹由鐵生而傷鐵，人有不淨者，由於己罪，被引至惡處。」

這句話告誡我們，人如果貪圖身外之物而萌生傷人害人的惡念，那麼就會像鐵器生銹一樣，最後受到蝕害的，將會是自己。

善與惡雖是對立的兩面，但行善或作惡卻取決於你的一念之間，請別小看這麼一個轉念，因爲這關鍵性的念頭，將會影響你的一生。

有兩個手足情深的兄弟，長大成人不久父母便相繼辭世，但兄弟倆仍然和樂地住在一起，而且對於父母留下來的東西，從來不曾想過要獨佔。

在一次閒談中，他們覺得自己應該要振興祖業，並且加以發揚光大，不該只想著維持現狀，如此才能安慰九泉之下的父母。

於是，他們計劃到外地經商，把家裡的一切安排妥當後，他們便均分了父母遺留下來的黃金，一起整裝出發。

他們翻山越嶺，一路上幾乎沒有遇到任何人，當他們走至深山寂靜的地帶時，哥哥的心中忽然生起惡念：「如果現在殺了弟弟，奪走他的金子，那我就增加了一倍的本錢，經商想必會更加順利！」

當哥哥生起這個惡念時，弟弟居然也這麼想著：「如果把哥哥除掉，他的金子就是我的，那我就不必這麼辛苦了啊！」

然而轉瞬間，兩個人同時又這麼想：「不行！我怎麼可以這樣想呢？這樣

的壞念頭眞是罪大惡極啊！」

還好有這個轉念，因爲這個即時的驚醒，促使他們的腳步走得更快，他們知道，只要讓腳步快一些，自己便沒有時間胡思亂想。

很快地，他們便越過了山林，提早來到碧清的湖邊。

站在湖邊休息時，哥哥忽然拿出身上的金子，猛地向湖心投去，只見沉重的黃金激起了美麗水花。

「啊！」看著四濺的水花，弟弟忍不住驚嘆一聲。

忽然，又一聲「噗通」，湖面再次濺起了水花，這次是弟弟毅然丟下了他手上的黃金。看著弟弟也抛出了黃金，哥哥忍不住問道：「弟弟，我要對你說實話，我曾經爲了這筆黃金而心生歹念，想過要謀害你，幸好及時覺醒，所以決定將它抛入水中以絕後患，至於你，又是爲了什麼？」

弟弟滿臉慚愧地說：「我，我也和你一樣，也有過罪惡的想法！不過，我們現在已經安全了，不是嗎？」

哥哥點了點頭，笑著將手搭在弟弟的肩上，兩個人抬起頭，看著寬廣的天空，心情就像眼前飄過的白雲一般，輕盈而閒適。

俄國寓言作家克雷洛夫曾經寫道：「貪心的人想把什麼都弄到手，最後的結果卻是什麼都失去了。」

貪婪是一個無底洞，讓人耗盡心機，只爲了追求眼前的利益。如果不知道適時放下心中的貪念，就會讓自己直奔地獄。

你準備用哭臉或笑臉來迎接生活，只在一個轉念；你會行善或做惡，也只在一個轉念，而後因果便會立即顯現。

就像故事中的兄弟，一念之差，差點犯下了滔天大罪，所幸他們同時轉念一想，及時從無間地獄的入口回到了人間天堂。

面對人生的各項課題，選擇權就掌握在我們手中，是好是壞、是善或惡，其實在每個人的心中都有一個標準天秤，只是你想把砝碼加在哪一邊，全在你的一念之間！

用平常心看待「意外的黃金」

遇到「意外的黃金」，我們要用平常心面對，更要以積極的行動，
讓每一個多得的意外都能成為生活的助力。

英國文豪狄更斯在他的著作中曾經寫過一句警惕世人的話語：「一念之差，貽誤終身，都是因為我們耽於所好、溺於所欲造成的。」

確實如此，《四十二章經》也提醒我們，世人往往爲了滿足慾望，處心積慮地追求亮麗耀眼的身外財物，這就好像貪吃的小孩舔著塗在刀口上的蜂蜜，稍不留神就會割斷自己的舌頭，豈能不謹慎衡量利弊得失呢？

沒有人不喜歡黃金，但是，更多時候，肯定每個人更需要麵包！

只要我們肯付出，食衣住行方面的基本溫飽與便利一定都能充足獲得；只要我們的慾望少一點，生活簡單一點，日子一定能過得舒適自在，這些生活上的幸福與滿足感，是你手捧著萬兩黃金也不一定能換得的。

很久以前，有一群人來到一座荒島，當他們踏上這塊土地時，每個人都對自己說：「我要好好地開墾這片土地，爲移居到荒島上的每一個人，建設出一片新天地、一座世外桃源。」

眼下這個季節是翻土、播種的好時候，而在大地上努力彎腰工作的身影，正四處可見。

就在這個時候，有個人大聲呼喊著：「是黃金！地底有黃金啊！」

眞的是黃金，黃澄澄的金塊在陽光的照耀下，閃爍著金色的光芒，所有的人停下了耕作，他們全被這金黃色的光芒吸引，只見每個人更加賣力地挖掘，但是，他們不是爲了播種而翻土，而是爲了尋找黃金。

現在，所有人最在意的，是那些能夠讓人過奢侈生活的金礦，而不是過安穩日子的播種，他們已經忘了耕作的事務，更忘了當初要在這塊新的土地上過新生活的決心。

時間過得飛快，春天過去了，夏天已經來到，播種的時節也早被遺忘，成天只想著挖金礦的人們，對於更切身的農事早就不再在意了。

因爲，人人只想成爲「大富翁」！

但是，口袋裡裝滿了黃金又如何呢？

當秋風吹起，他們當初帶來的糧食已經所剩無幾，由於他們荒廢了農作，如今在秋收的時分，他們竟然連一束稻穗都看不見。

不久，冬雪飄落，所有的糧食已經被吃光了，受不了饑寒交迫，每個人都躺在黃金堆中奄奄一息。

看著故事中的人們，從滿懷理想到利慾薰心，最終更躺在黃金堆中奄奄一息，其中的過程轉折，給了你多少省思？

用平常心看待「意外的黃金」，是故事帶給我們的警惕，事實上，生活中，秉持腳踏實地的態度是必要的，因爲，意外之財隨時會意外失去，所以懂得幸福過日的哲人總是這麼教誨我們：「意外之財始終是多餘的！」

因爲是多餘的，所以即使擁有了它，也絕不能偏離原來的人生方向，更不能爲了這類意外的小插曲，亂了自己的生活步伐。

遇到「意外的黃金」，我們要用平常心面對，更要以積極的行動，讓每一個多得的意外都能成爲生活的助力，幫助自己提早完成人生的夢想。

越富有越要懂得謙虛

越驕傲自滿的人，他們眼前的財富與地位越容易不保，因為不懂得謙虛待人，必定會失去人們的信服與支持。

隨著年齡的增長，提昇生活境界的慾望也會增長，但如果不能懷著謙卑的心，人就會變成貪得無饜、傲慢自大。

佛家有句名言說：「富貴名利，直從滅處觀究竟，則貪念自輕；橫逆困窮，直從起處究由來，則怨尤自息。」

我們站得越高，越要抱持感恩的心，與人誠心相待、謙虛交往，因爲眼前的財富不是我們獨力獲得的，而是結合了許多人的力量得到的，其中還包括了

許多你完全不認識的陌生人。

有個貧窮的人努力地打工賺錢，終於存了點錢，左思右想之後，準備拿這些錢去做點小生意。

雖然從小生活窮苦，但他從不相信自己會窮苦一輩子，一直以來，給予他希望和動力的，是他相信，只要他每天誠心地向老天爺祈求，老天爺便會賜予他財富和幸福的力量。

就這樣，他信心滿滿地等待了十二年，從未放棄或失望過。

人窮志不窮的他，做事非常認真，他對自己說：「日子再苦，我也不能向別人借錢，只要我每天都勤奮努力過日子，一定會看見幸福。」

終於，他的誠心感動了老天爺，這天晚上，當他再次焚香祈禱之時，忽然有個人來到他的面前，而且不等他開口詢問，這個陌生人便主動說：「放心，我是來幫助你的。」

「你是什麼人啊？」窮人仍擔心地質問著。

「我就是你嘴裡的『老天爺』啊！十二年了，你一天兩次的祈禱我都聽見了，看你是個老實的人，我接受你的祈求。來，這瓶子叫『德瓶』，你要好好地保管它，只要你心中想什麼，這個德瓶都會滿足你的願望。」天神將瓶子交給窮人以後，便隱身不見了。

有了這個瓶子，窮人忽然間一躍成爲城裡最富有的人，銀兩不僅能任他花用，連女僕等也會時刻出現來侍奉他。

生活大幅改變之後，他的性情也起了變化，不僅經常在親友們面前誇耀自己的財富，態度更是驕傲異常，整個人也變得懶惰放肆，做事也不像過去那樣踏實，甚至每天早晚兩次的祝禱也停止了。

因爲，他早就忘了這些富貴是怎麼來的，所以才會不以爲然地說：「我已經這樣富貴了，哪裡還需要老天爺呢？」

這天，大富翁開了一個生日宴會，當然也是爲了誇示他的富有。

就在他半酣的時候，有個朋友問道：「老朋友啊！你以前那樣窮苦，怎麼一下子就變得如此富裕，是不是有什麼致富的秘密，說出來聽聽吧！」

有點醉意的富翁，聽見朋友這麼詢問，不禁得意洋洋地回答說：「這全靠我的德瓶，這個德瓶啊，只要我想要什麼，它都會滿足我的願望，我就是靠著它致富的。」

聽他這麼一說，所有人都好奇地看著他，隨即有人請求他把德瓶拿出來，讓大家開開眼界。他未經考慮便一口答應，連忙把德瓶拿出來現寶，還做了幾個實驗，賓客們見狀，無不嘖嘖稱奇。

這時，富翁忽然心生一計：「瓶子這麼小，實在不夠威風，如果把它變大一點，讓我可以登上瓶子跳舞，那不是更有趣嗎？」

忽然間，小小的瓶子變大了好幾十倍，而他也真的爬到瓶子上手舞足蹈起來。但就在他忘情熱舞之際，一不小心瓶身撞到了桌角，「啪」地一聲破裂了，而那些由德瓶所變化出來的東西，也登時隨著瓶破而全部消失。

那些銀器財寶、侍女……等等，轉瞬間全都不見了，只剩下當初他居住的那間破屋和舊衣服。

一個人對事物有了偏狹看法，就像是內心佈滿蜘蛛網。這張網會不斷地纏住自己的腦袋和眼睛，把所有錯誤的看法反射到日常生活之中，認爲自己高人一等，認爲自己無所不能。

驕奢必定招致失敗，從這個故事當中我們可以看到：「越驕傲自滿的人，他們眼前的財富與地位越容易不保，因為不懂得謙虛待人，必定會失去人們的信服與支持。」

也許，有人不免要問：「那麼，究竟要怎樣才能擁有眞正的財富，如何才能讓財富長長久久？」

方法無他，「放下」而已！因爲我們手中的財富與地位，絕對無法靠我們獨力獲得，必須依靠許多人的配合與幫忙，才有機會站上成就的高峰，唯有放下驕奢的心態，我們才能擁有更多未來。

過分貪求，將讓你一無所有

好好地思考一番，或停下忙亂的步伐，回頭看看，我們一路與人競爭之後，到底有多少東西是真正為我們所擁有的？

釋迦牟尼在世之時，曾經告誡弟子：「縱使將雪山化為黃金，也無法滿足人無窮的慾望，我們應該明白這個道理，而持之以正。」

在這個功利掛帥的社會中，名與利是一個人事業成功的表徵，所以，許多人努力創造財富和地位，其中不乏有人在競逐名利的過程中迷失方向。

迷失，是因爲不滿足！

人生在世，超過一半以上的困擾和煩惱，其實源自於我們以爲生活不可能

過得簡單富足，正因爲試圖獲得更多，試圖掌握更多，才會讓自己陷入自尋煩惱、自作自受的心靈禁錮之中。

兩個舅甥關係的珠寶商人，相約在同一天同時出海，行前，舅舅囑咐外甥：「這次出海，你的船不可以超越我的船，即使你發現了寶物，也要先讓我行動，聽見沒有？」

外甥點了點頭：「聽到了！」

就這樣，兩艘船一前一後航行，不久這個外甥便發現一座荒島，島上閃爍著許多寶光，於是他趕緊發出信號通知舅舅。

上岸後，他們果然發現許多紅色和白色的珊瑚樹及五色寶石，貪心的舅舅高興地將這些珍寶往自己的船上搬運，直到無法載運時，才一臉不情願地讓給外甥；外甥雖然只拿一些次等貨，可是一點也沒有埋怨，反而笑著對舅舅說：「我有這些就夠了。」

船隻繼續前進，兩天後，舅舅也發現了一座美麗的島嶼，隨後還發現了一道彩虹般的寶光，他想：「這可不能讓外甥看見！趁著海面的薄霧，我轉個彎後再上岸，他就不會發現我了！」

上岸後，他在島上走了很久，直到天黑還未走到發出寶光的地點，正當他在山林間進退兩難時，忽然看見樹叢中有一道燈光，便循著燈光的方向走去，不久眼前出現了幾間茅屋。於是，他上前敲門，有位白髮老太太走了出來，並慈藹地問：「您是誰？有什麼事嗎？」

舅舅對老太太說：「我是從遠方來的珠寶商人，想向您借宿一晚，不知道方不方便？」

老太太笑著回答說：「當然可以，不過，我這裡沒什麼東西可以招待的，還請您見諒！」

翌日，當他要辭別時，老太太帶了一位少女走了過來，少女的手上還捧著一個烏黑的古盆，老太太對他說：「這是我們家傳的古盆，不知道您願不願意用一顆珠寶交換？」

舅舅將古盆接了過來，發現這個古盆確實是件寶物，只是他捨不得用珠寶來交換。於是，他故意地沉下了臉色，兇巴巴地說：「這什麼東西啊？竟然拿出來沾污了我的手？」說完，他便拂袖而去，留下招待了他一夜的老太太和少女在屋裡羞愧難過。

另一方面，外甥爲了尋找舅舅的行跡，從島的另一端上岸，也正巧找到了老太太家借歇一會。當外甥要離開前，少女對老太太說：「我們再把古盆拿出來試試，他看起來人很好，一定比剛才那個人識貨！」

果然，當古盆展現在外甥的面前時，他便驚訝道：「老太太，這是世界罕有的紫磨金啊！是件價值連城的寶物呢！好，我用一整船的珠寶，和您的古盆交換，您願意嗎？」

雙方開心地交易完成後，外甥便離開了。

這時，舅舅又回到了茅屋，並且不客氣地對老太太說：「早上那個古盆呢？快拿出來，我願意用幾粒珠寶和你交換。」

老太太冷冷地說：「那個古盆已經被一個少年買去了，他可是用一整船的珠寶和我交換，你如果還要的話，往東邊追去吧！」

舅舅一聽，連忙追到岸邊，然而外甥的船已開得很遠了，只見他焦急地搥胸頓足，大喊著：「還我寶來，還我寶來！」

沒想到他才喊了幾聲，突然吐了一口鮮血，便暈死過去，等外甥回頭找尋時，他已經全身冰冷了。外甥看著舅舅的死狀，不禁悲從中來，哽咽道：「舅舅呀，您愛什麼我都願意給您，只是您爲何要這麼貪心呢？貪圖那麼多，反而葬送了生命，值得嗎？」

作家愛默生曾經說：「一個人抱持怎樣心態，他就是怎樣的人；一個人表現出怎樣行為，他也就是怎樣的人。」

對週遭環境所採取的態度，正是一個人最好的介紹信，如果你想獲得幸福，那麼，就要先理解「退一步就是幸福」的生活哲理。

現實生活中，很多人的困擾和煩惱，都來自於貪婪、偏執與妄想。他們之

所以痛苦，並不是他們的日子不好過，而是想要獲得更多。

因爲不懂得放下，他們的物慾熾盛；因爲不懂得放下，他們貪得無饜。

從悲痛中，外甥深切地體會到貪婪的後果，更領悟到貪慾害人的可怕。

故事中的舅舅擁有那麼多的財富，最終卻一樣也沒有享受到；花了那麼多的心血奪取，結果還賠掉自己的生命，值得嗎？

也許，我們應該好好地思考一番，或停下忙亂的步伐，靜下心回頭看看，在現實世界中，我們一路與人競爭之後，到底有多少東西是眞正地爲我們所擁有的呢？

生活再富裕，也比不上親情的珍貴

當父母親用大半人生體會到，即使生活再富裕，也比不上親情的珍貴與可靠時，我們難道不能儘早體會親情的無價嗎？

尼采說：「人就像一根繩索，架於人與禽獸之間。」

確實如此，我們的思維與行動，深受人性中的光明面與黑暗面所支配，一念之差，有人墜入黑暗世界的深淵；轉念之間，有人從黑暗重返光明，再次看見生命之光。

相傳，南印度有個準備嫁到鄰國的女人，在送親途中不幸被一隻雄獅擄走，最後她還與這隻雄獅生下了一男一女，雖然兩個孩子的外貌與常人無異，但性情上卻繼承了野獸的粗暴。

男孩長大後，有一天問母親說：「我究竟是動物，還是人類？」

聽見兒子的疑問，母親只得將當年的情形說了一遍，沒想到男孩聽完母親的故事後，便對她說：「人與獸終究不同，您爲何不離開獅子，反而選擇與牠共同生活在一起呢？」

母親回答：「我本來也想逃走，但始終都沒有機會。」

兒子聽了母親的話，從此以後便經常動要求與父親出門，目的是爲了摸清山裡的路徑。終於，他們等到雄獅出遠門的機會，當雄獅前腳一踏出門後，母子三人便趁機逃出這座山林。

他們歷盡千辛萬苦，終於回到母親的故鄉，然而故鄉早已人事全非，他們只好寄居在鄰居的家中。

至於那隻雄獅，回家後發現老婆孩子們都不見了，便憤怒地下山找尋，還沿途襲擊來往的商旅，人們爲此相當恐懼。

不久，無計可施的國王貼出了懸賞告示：「如果有人能殺死這隻雄獅，便能獲得黃金萬兩。」

當兒子看見這張公告，立即回家對母親說：「以我們目前的處境，實在很需要這筆賞金，母親您覺得呢？」

母親搖了搖頭說：「不可以，雖然你父親是隻野獸，但牠始終是你的生父，假如你把牠殺了，你又怎稱得上是人呢？」

但兒子卻反駁道：「如果我不殺牠，那牠絕對不會回到山上去，說不定還會爲了尋找我們，而來到這個村莊，萬一被國王知道，我們可能會被處死啊！所以，您別阻止我了，如今牠還四處害人，我們怎能爲了一己私情，而害了那些無辜的人呢？總之，我考慮過了，我還是決定要去。」

雄獅一看見兒子歸來，非常欣慰，牠溫馴地站在原地表示歡迎。

但就在這個時候，牠的兒子乘機拿出暗藏的利刃，一刀接著一刀刺進獅子的喉嚨和胸膛，只見獅子流露出慈愛的神情，忍著痛苦一動也不動，不久便氣

絕身亡。

國王聽說猛獅已經被殺，十分高興，不過他卻很好奇：「爲什麼獅子突然變得那樣溫馴？」

年輕人最初不敢說眞話，經國王一再追問，他才把眞相說出。

國王聽完之後，失望地說：「唉！想不到你的心腸竟然這樣狠毒，但既然我已經公告要獎賞，當然會依照諾言給你黃金，不過你竟然狠心殺死自己的父親，實在是一個不孝子，我國是不能容納你這樣的逆子的，你領完了賞金後，便得立即離開本國。」

是「虎毒不食子」的轉念，也是「人不爲己天誅地滅」的偏差，在現實世界中，像這類變調親情的戲碼也一再上演，爲了一己之私，流著相同血液的親人，卻無情撕裂、徹底毀滅，怎不令人唏噓！

不論是從人性面去探討，還是從百善孝爲先的道理上來勸說，善與惡、孝與不孝的選擇權都在我們的手中，而且一切只需我們的一個轉念。

當父母親用大半人生體會到，即使生活再富裕，也比不上親情的珍貴與可靠時，我們難道不能儘早體會親情的無價嗎？

無論世界怎樣改變，對於父母的第一懷胎守護恩，是所有爲人子女們都絕不能抹滅的。

5. 別有居心，只會累壞自己的心

與其處心積慮想迎合上司的胃口，不如好好地充實自己，

因為讓自己有「最好的表現」，才是我們最好的奉承籌碼。

知道真正的需要就不會苦惱

好好地關心自己吧！認真地正視自己吧！只有「自己」才是你真正能掌握的一切，才是你生命中唯一且最重要的財產！

道元禪師曾經說過一句簡單的佛理：「迷者眾生，悟者為佛。」人之所以在塵世迷失，無法徹悟人生，往往是因爲把浮世的名利富貴和其他身外之物當成自己。

人生最重要的課題是認識自己，只要你看得見自己，不輕忽自己，無論現實環境讓自己跌得多重多深，也必定能靠著自己的力量，再站起來。

有天，佛陀前往伽耶山的途中，在苦行林裡休息片刻。

就在他靜坐樹下不久後，有個女人背了一個大包裹，快速地從佛陀的面前走過，聽見急促腳步聲的佛陀，仍然繼續閉目養神。

等到女人走後不久，來了一群高大的男人，他們看見佛陀，連忙問道：「您剛才有沒有見到一個女人經過？她身上拿著許多東西！」

佛陀冷靜地說：「我沒有注意到，不知道你們找她做什麼？」

其中一人憤憤地說：「我們全都住在不遠的森林中，村子裡一共有三十個男人，其中有二十九人都娶妻了，只剩下一個人還沒有找到老婆。所以，同村裡的男人非常同情他，便在昨日爲他找來一個女人，哪裡知道，我們居然看錯人了，這個女人原來是個專門騙人財物的妓女，昨天才一個晚上，她不僅誘惑了村裡的所有男人，今天還把我們的東西全都騙走了。」

另一個男人著急地插話：「所以，我們急著要把她找回來，您到底有沒有遇見這個女人啊？」

佛陀看著他們，緩緩地說：「原來是這樣啊！不過我想問你們，到底是你們自己重要？還是那個女人和被騙的東西重要？」

這個問題霎時讓所有人愣住了，每個人的心中都忍不住想著：「到底哪一個才重要呢？」

他們困惑地看著佛陀，只見佛陀莊嚴而和氣地站立在樹下，看見這個景象，所有人的心突然間都澄淨起來。

一群人忽然異口同聲地說：「自己比什麼都重要！」

當他們很有默契地回答完這句話時，心中也清醒了過來，每個人的眼神中似乎透著一股新的力量。

佛陀這時微笑著說：「那麼，你們就別再追那個女人了，快找回自己的心才是最重要的啊！」

生活作家卡莉曾經如此寫道：「幸福是種奇妙的美好感覺，通常會發生在你決定放下的時候。」

當我們不知道什麼是幸福的時候，總是以自我爲中心，試圖將所有的人事物緊緊握住，人與人之間才會產生那麼多摩擦、衝突，自己才會被那麼多不值得放在心上的瑣事絆住。

幸福往往從放下的那一刻開始，很多事與其緊緊握住，不如後退一步。當我們懂得放下那些想要牢牢掌控人事物的心思，我們才能找到眞正的幸福。

許多哲學家的理論都強調，沒有什麼比「看重自己」更重要的了。

在這個豐富而多元的世界中，我們總是會被華麗的外表所吸引，而我們自己最在意的，也往往是那些看似具體而醒目的外在。

所以，佛陀要提醒故事中那些急於尋回失去之物的男人們：「你們真正要在意的，並不是失去的女人和金錢，而是要好好地想一想，你們真正需要或想要的到底是什麼？」

仔細想想，故事中的男人就像那些投資失敗的人一樣，他們眞正煩惱的通

常不是「如何重新開始」，而是：「如果當初不要貿然決定，也許就不會失去這麼多了！」

相信有許多人也曾經這樣，結果已經無法改變了，還在「回想當初」，然後再在「悔不當初」的困擾中鑽牛角尖，不是嗎？

好好地關心自己吧！認眞地正視自己吧！只有「自己」才是你眞正能掌握的一切，也唯有「自己」才是你生命中唯一且最重要的財產！

只有真愛才經得起時間考驗

在凡事講求速度的現代社會中，人們喜歡追求速食愛情，然而，在寂寞排解之後，換來的往往是無盡的空虛與失落。

渴望能找到眞愛的人，請用心經營與等待，因爲這一份愛不是速食的愛情，需要時間來焠鍊。只要是眞愛，絕對經得起時間的考驗，只要你認眞對待，終有希望成眞的一天。

很久以前，有個生性吝嗇的富翁，一共娶了四位夫人，其中以四夫人最受

富翁的寵愛，兩個人幾乎到了寸步不離的地步；其次是貌美如花的三夫人，她也很受富翁的疼愛。

至於二夫人，在富翁尚未發達之前，兩個人也頗爲相愛，然而當生活開始好轉以後，富翁便漸漸與她疏遠。

雖然二夫人後來被疏遠了，但始終都比元配夫人來得幸福。因爲，二夫人終究也曾被寵愛過，然而元配夫人自踏入富翁家後，便未曾受到富翁的關愛。

有一天，富翁忽然生了重病，從此一病不起，醫生診斷之後，發現他罹患了不治之症。

害怕孤單離開塵世的富翁，臨終前找來最心愛的四夫人，對她哀求著：「夫人，平日我們幾乎形影不離，再大的反對聲音也不能拆散我們，如今我就快不行了，我實在很害怕孤單寂寞，妳可不可以陪我一起走？」

四夫人一聽，嚇得臉色慘白，連忙道：「你怎麼可以這樣想？我還這麼年輕，你怎麼忍心要我陪你死呢？啊，你平時對三夫人也不錯，三夫人年紀大了點，還是叫她陪你去吧！」

富翁一聽，失望地嘆了口氣，只好把三夫人請來，並照著他剛才對四夫人所說的話再說一遍。

三夫人一聽，嚇得全身發抖，連忙焦急地說：「不行，不行，我還這麼年輕，還可改嫁他人，找二夫人吧！你找二夫人陪你一塊兒去！」

富翁聽到後，失望地搖了搖頭，擺了擺手，示意要她離開。

接著，他便請來許久未見的二夫人，再次說明他不想一個人走的心情，並請求二夫人能答應陪伴他。

二夫人一聽，連忙搖手道：「爲什麼要我陪你死呢？你的四夫人和三夫人呢？家中的大小事都要我管，這個家還要我照顧啊！我怎能跟你一起死呢？總之，你死的時候我可以一路送你，但是就是不能陪你一起死！」

富翁無奈地嘆了一聲：「唉！」

這時，幾乎被遺忘的大夫人忽然出現了，富翁想起自己平日對大夫人的冷淡，於是便對她說：「夫人，我眞是對不起妳，我過去對妳那樣冷淡，唉，如今我就快死了，想到我得孤單地走向陰曹地府，實在很難過，居然沒有人願意陪我！唉！」

富翁看了看全身素裝的元配夫人，心虛而小聲地問：「我好怕死後的孤單，妳肯陪我一道走嗎？」

沒想到大夫人聽到後一點也不驚慌，反而平靜地說：「嫁夫隨夫，我願意陪你一塊走。」

富翁吃驚地說：「妳，妳眞的願意陪我？唉！沒想到妳對我如此忠心，過去我一直把妳忘了，只知道寵愛四夫人她們，如今她們個個都忘恩負義，狠心離開我，不肯陪我。只有妳願意與我永久在一起，唉！我實在太辜負妳了，我過去怎麼能對妳……」

大夫人一聽，搖了搖頭，安慰他說：「算了，都過去了！」

在以三從四德爲主軸的民間故事中，與故事中大夫人一樣無悔付出的眞愛，總是賺人不少熱淚。

在凡事講求速度的現代社會中，人們喜歡追求速食愛情，卻又習慣以現實生活爲藉口，不想長久的承諾，只想來一份快速的寂寞排解。

然而，在寂寞排解之後，換來的往往是無盡的空虛與失落。

抱持速食愛情觀的人，也許看著故事中其他幾位夫人的現實，會反諷地說：「是大夫人太笨了！」

但仔細想一想，眞正愚笨的人可是其他幾位夫人啊！

因爲，她們虛度了大半人生，用最美麗的年華，換取了那些生命中最不需要的奢靡和享受，而這一切也將在富翁死去的那一刻，全部失去。

不要執著於眼前的假象

凡事三思，我們就不會一再踩空，只要能三思而後行，我們不僅能辨識其中真偽，更能讓自己發現並握住最佳的成功時機。

不論做什麼事，都要提醒自己放下虛妄的心思，保持一顆澄澈的心，後退一步去看眼前的事物，才不會在虛虛實實之中迷惑不已。

別執著於你所看見的現象，因爲那可能只是個海市蜃樓，如果你沒能仔細地分辨眞僞，等到發現眞相時，恐怕也爲時已晚了。

有一天，阿村在池塘邊散步時，發現池底有一條閃閃動人的金鍊子。

見財眼開的他，立刻不顧一切地跳入池中，雖然雙腳一入水池便深陷其中，但欣喜若狂的阿村一點也不擔心，只見他吃力地移動步伐，並努力地用雙手搜尋那條「金鍊子」。

然而，他一直找到黃昏，金鍊子卻像似消失了一般，怎麼找都找不到。當泥沙在不斷撥弄下，混濁了整個池子之後，阿村累得吐了口氣說：「唉，休息一下好了！」

於是，阿村拖著疲憊的身體回到岸上，這時，他又看見金鍊子的光芒在水面浮現，他連忙看準了方位，立即又跳入池塘中。

然而，這次下水，除了讓池子變得更加混濁外，結果還是一樣，金鍊子像是有意捉弄他一樣，又再次消失不見了。

這回，阿村有點生氣了，滿臉不悅地回到岸上，一直呆坐苦思，直到父親來叫喊他回家吃飯。

阿村的父親見他呆坐在池塘邊，關心地問：「兒子，你怎麼在發呆？」

阿村氣憤地回答：「爸爸，你看！那條鍊子的光芒明明就浮在那兒啊！可是我下水兩次了，怎麼找都找不到呢？真是氣死我了！」

父親聽兒子氣憤地抱怨著，便朝著水底看了看，果然看見一條金鍊的光芒在水池裡閃爍，不過，他並沒有立即回應兒子的困惑，而是抬起頭仔細地看了看四周，接著，他笑著說：「你到樹上找找看吧！」

「樹上？怎麼可能！」兒子一臉懷疑地問。

阿村雖然嘴裡質疑，卻仍然爬上了樹身，沒想到果然讓他找到金鍊子了。

當阿村開心地拿著鍊子回到地面時，父親解釋道：「水中的金鍊子只是倒影，兒子，別一味地相信你所看見的，你要看懂虛實之別啊！」

有位哲人曾經譏諷地說：「許多人忙著擦拂門窗上的塵埃，卻忘了應該同時擦拭自己的眼睛。」

我們經常爲了自己有了某個「天大的」發現而興奮不已，最後卻莽撞行事導致一事無成。那是因爲，我們的看法通常是浮面的，只注意事物的表象，不願意再退一步去探究它的眞象。

看著阿村見獵心喜、衝動行事，不妨反思自己，在過去的生活經驗中，你是否也曾經有過這樣的莽撞。

爲了避免像阿村一般，一再地深陷泥淖，我們都要認清事物的眞象與假象，別一味相信自己見到的，要看懂虛實之別。

凡事三思，我們就不會一再踩空，只要能三思而後行，我們不僅能辨識其中眞僞，更能讓自己發現並握住最佳的成功時機。

生活中有太多不可預期

生活原本就是由「既定計劃」與「未可預期」所組合，只要能讓意料之外變成預期之中，就可讓計劃與突發攜手成就未來。

生活中有太多虛妄的事，在變幻無常的人生路途上，我們所看到和遇到的一切，常常是水月鏡花，總是讓人空歡喜一場。

生活之中有太多不可預期的事情，一個人能不能活得快活，關鍵往往在於是否願意接受這些殘酷的事實。

不管在工作上、生活上，或是人際交往上，隨時都有讓我們困擾不已的問題出現，解決這些問題的最好方式，便是用樂觀的態度面對。

很久以前，有位頗負盛名的音樂家，受邀到宮中爲國王演奏，而且，國王還允諾，表演完後會支付音樂家一千銀兩。

音樂家聽見國王要給他這麼多報酬，開心得不得了，便在約定的時間之前趕到宮中，提早準備，好在國王面前能有最完美的演出。

然而，他萬萬沒有想到，當他使出渾身解數演奏完畢，向國王討賞金之時，國王居然反悔了。

國王不願支付賞金的理由是：「沒錯，你演奏了許多樂曲，但是每一首都讓我『空歡喜一場』。所以，我必須這樣說，之前本王說要賞賜給你的銀兩，現在我決定不賜給你了，這個決定不過是讓你和我一樣，只是『空歡喜一場』罷了！」

音樂家聽見國王這麼說，雖然感到不悅，但也只能在心中暗自咒罵，一句話也不敢多說。

就像故事中的寓意，我們也經常遇到一場又場的「空歡喜」，然而，當你發現，一切原來只是空歡喜時，你會怎樣面對？

生活原本就是由「既定計劃」與「未可預期」所組合，二者的比例從來都沒有一個標準，不過，這一切可以由我們來掌控，只要能讓意料之外變成預期之中，就可以讓計劃與突發攜手成就未來。

所以，不必怨尤命運的捉弄，也不要斥責別人的辜負，而是要懂得安撫自己：「這不過是一場空歡喜罷了！」

因爲，聰明的人不會用抱怨來紓解，而是用積極的生活態度，來充實每一場空歡喜，他們會積極地想，如何才能把夢想填補進這個「空白」的空間，好讓人生更見精彩。

充滿活力，就會激發自己的潛力

在每個人的身上，都有著這樣一個因子，讓我們在失意時，可以支持我們重新站起，讓我們在跌倒時，能再次振作起來。

從出生之日開始，你便是一個生命奇蹟，一代代傳承下來的生命本能，早已保存在你的身上。

所以，你不必擔心自己能力不足，因爲，只要你願意盡全力前進，你的潛能自然會展現出來！

曾經有個獵人在一座山林打獵時，捉到了一隻剛出生不久的小獅子。

由於，獵人家裡是以畜牧羊隻維生，所以便將小獅子帶到羊群裡，由母羊們來餵哺牠。

日子一天天過去，在母羊照顧下，小獅子一天天地長大。因爲小獅子出生不久後便離開母親，所以幾乎忘了獅子的本能，和羊群一起過著和平而舒適的生活，也一直以爲自己是母羊的孩子，並且和其他小羊一樣，學會「咩咩咩」的鳴叫聲。

然而，有一天黃昏，羊群們來到一條小河旁邊吃草，小獅子忽然有點口渴，便來到河邊，正準備俯身下去喝水。

就在這個時候，牠卻看見河面居然出現了一隻獅子的身影，這隻獅子張大了嘴巴，好像要衝出河面，狠狠地咬牠一般。

這個情況把牠嚇得轉身就逃，一邊跑，還一邊大聲叫喊著，然而，正因爲這麼一叫，卻也讓牠激出了震耳欲聾的吼叫天賦。與牠從小相處的小羊們，忽然看見平常生活在一起的兄弟，表現出那樣嚇人的氣勢，個個都驚慌奔逃，閃

得遠遠的，似乎深怕被眼前這隻「大獅子」給吞了。

獅子這時也發現情況有異，回頭一看，發現剛剛那隻可怕的「獅子」並沒有追來，忽然意識到，方才的吼叫聲是源自於自己的嘴裡。牠決定鼓起勇氣，再次回到河邊，探看那個「身影」是否是自己的。

「啊！那隻凶猛的獅子竟是我的影子！」已經長大的小獅子，這才發現自己竟然是隻獅子。

忽然，遠方也響起了相同的「吼叫聲」。

原來，是牠的母親來尋找牠，就這樣，母獅與小獅子用旁人無法體會到的吼叫聲，找到了彼此，更讓小獅子重新找回了自己！

所謂的本能，其實正是一種潛能，那是延續生命時的重要繼承，在你我身上也都繼承著這樣的基因，至於能否發揮出來，端看繼承者是否肯向內在深處努力挖掘，肯不肯積極發揮。

在每個人的身上，都有著這樣一個因子，一個可以讓生命發光的因子，那是讓我們在失意時，可以支持我們重新站起的活力，也是讓我們在跌倒時，能再次振作的無限潛能。

別再懷疑自己的能力了，這份本能是與生俱來的，只要你能用積極樂觀的態度生活，你的生命便會隨時充滿活力，隨時可以看見，從自己身上散發出來的燦爛光芒。

融會貫通才能靈活運用

想要真正地充實自己，便要把對方的知識技能融會貫通，再轉化為自己的才能，這樣的才能才是堅實、靈活且屬於自己的。

先賢聖哲留給後人的話語經常只有簡短一句，其中的前因後果只有他們深刻體悟，每件事所涉及的問題或關連性，也只有他們最清楚。

但是，多數人只憑著那一句話，就盲目地認真執行、忠誠相信，直到錯誤運用導致問題發生時，才知道回過頭來，尋找其中的適用性。

王老爺皈依佛陀之後便一心向善，每天都要將佛陀的五戒十善法則牢牢地背誦一回，還要求自己：「我每天都要做一件好事，說一句好話。」

所以，在村子裡，他的人緣非常好，人們一見到他，便會朝著他喊道：「王菩薩，您好！」

每當他聽見鄰居們的喝采或讚美，總是提醒自己要更加謙卑，他也更相信這全是佛法的功勞。

這天，有個非常仰慕他的人專程來訪，這個人對王老爺說：「我想與您做個朋友，我很希望能從您的身上學習佛法，以增進我的智慧與品格！」

王老爺拍了拍他的肩膀，親切地說：「當然好啊！我其實沒什麼智慧啦，不過我還是很樂意與你交朋友。」

這個人聽見王老爺一口答應，居然激動地掉下眼淚說：「謝謝，我眞是受寵若驚，眞不知要如何回報您！」

王老爺安撫地說：「千萬別這麼說，我是眞心誠意要與你交朋友的，對了，留下來吃個便飯吧，順便祝福我們的情誼能誠實堅固。」

訪客用力地點了點頭，不過，或許是太開心了，他卻忘了應有的用餐禮儀，不僅狼吞虎嚥了起來，第一口菜入口時，居然還對王老爺說：「啊！這盤菜太淡，沒有味道，不好吃！」

王老爺聽到這話，一點也不生氣，反而親切地問：「太淡了嗎？沒關係，加點鹽就美味了。」

於是，王老爺加了一些鹽巴到菜餚裡拌勻，然後說：「你再吃吃看，這次一定可口多了！」

這個人再吃了一口，覺得味道不錯，開心地說：「真的很好吃耶！沒想到鹽的作用這麼厲害！」

於是，這個人把這件事記在心中，回到家裡，他心想：「今天我多學了一項智慧，原來菜的美味全靠鹽巴來提味。才加那麼一點鹽，就那麼美味可口，如果再多加一點，味道豈不是更好？」

他開心地直稱讚自己聰明，隨手還抓了一把鹽，往嘴裡一塞。

味道如何？

只見他哇哇大叫道：「爲何這麼鹹？呸！沒想到我居然上了王老爺的當，或者是，他們家的鹽巴與我家的不同？」

別笑故事的主人翁太愚蠢，當你照著別人的方法做，卻得到截然不同的結果，你是否也經常抱怨自己「上當了」？

不必質疑他人的專業性，因爲，其中的前因後果本來就要靠自己去找尋，小小的一口鹽，不僅能讓我們思考專家名人的可信度，更讓我們知道，不是一味地模仿就能得到聰明才智。

因爲，完全模仿不叫學習，想要眞正地充實自己，便要把學習對象的知識技能融會貫通，之後再將這些轉化爲自己的才能，這樣的才能才是堅實、靈活且屬於自己的。

別有居心，只會累壞自己的心

與其處心積慮想迎合上司的胃口，不如好好地充實自己，因為讓自己有「最好的表現」，才是我們最好的奉承籌碼。

從古自今，善於阿諛奉承的人多不勝數，平心而論，這些人所吃的苦頭確實不少，他們哄得了主子開心，可卻累壞了自己的心，因爲，他們都是丟掉自己尊嚴來取悅上司的。

從前，有個侍衛兵爲了謀得升官的機會，每天老是想著要討國王的歡心，

然而，入宮做侍衛已經多年了，卻仍然無法攀升。

苦無良策的他，有一天在回家的路上，看見一個衣衫襤褸的老翁，正蹲在橋頭上。他仔細地看著這個老翁，白髮長鬚的模樣就像傳說中的仙人，只見他連忙跪在老翁的面前，雙手合十地說：「神仙啊！我有個問題想請教您，請您明確地指引我啊！」

老翁被他這個舉動，嚇得咳了一聲，連忙否認道：「我不是神仙，我只不過是個乞丐啊！」

但是，侍衛兵因爲心中認定他是神仙，所以堅持道：「是，您一定就是神仙，神仙有白髮長鬚，您看您，不是也有嗎？求求您告訴我，我要怎樣才能討國王的歡心呢？」

老翁看他如此認眞，只得應付他說：「唉，是就是吧！想討國王歡心啊？只要你處處學國王的樣子，就能討國王的歡心了！」

侍衛兵一聽，直拍手叫好：「對啊！您果然是活神仙，一點便點破了我多年來的盲點，我知道了！謝謝您，有機會我一定會報答您的！」

辭別假神仙後，侍衛兵仔細地思考著：「那我以後要多注意國王的一舉一動，對！只要我學國王的一顰一笑，當國王發現我什麼都學他時，一定會認爲我對他非常忠心。」

第二天，侍衛兵站在國王身邊時，當他看見國王正在不斷地眨眼時，他也跟著不斷地眨眼。不一會兒，國王終於發現他的「眨眼」情況，便好奇地問：「咦，你的眼睛有毛病嗎？」

侍衛兵不慌不忙地說：「啓稟國王，我的眼睛沒有毛病！」

國王繼續又問：「那你爲什麼會不斷地眨眼睛呢？這有失莊重啊！」

侍衛兵一聽，立即邀功似地吹噓：「國王啊！我爲了表現忠誠，處處都要學習國王的模樣，所以您眨眼時，我就會跟著眨眼。」

國王一聽，登時大怒，斥責道：「你這個大混球，你好的不學，偏偏要學壞的，來人啊！給我拖出去重打一頓，然後把他出皇宮，從此別再讓他在我的面前出現。」

爲了獲得主管的提拔，我們總是看見一些搖首擺尾的奉承者，每天環繞在大老闆的身邊，努力迎合，或是絞盡腦汁，只爲了博得上司的一個關愛眼神。然而，更多時候，我們最後看見他們的下場，不是永遠爬不上巔峰，便是好不容易擁有的地位或財富在轉瞬間就消失。

之所以如此，關鍵在於他們雙腳並不是踏實著地，還有他們的別有居心總是十分張揚，這些不僅冷眼旁觀的我們看得見，連那些表面上被哄得心花怒放的主管們，也一定看得見。

所以，與其處心積慮想迎合上司的胃口，不如好好地充實自己，因爲讓自己有「最好的表現」，才是我們最好的奉承籌碼。

經驗來自實際操練

自己的親身經驗終究比別人的實際，只要我們能夠實際操練一遍，不僅能充實生活能量，還能讓人生步伐走得更加穩健。

希望自己能比別人少一點跌倒的機會，就別再坐在書桌前猛讀別人的成功筆記，因爲，沒有把這些經驗詳加思索並實地演練的人，是無法眞正明白其中的技巧的。

有個富商的兒子邀集了許多朋友，準備到大海中探勘海底珍寶，可是大海

多變，有些朋友對於他的航行經驗提出了質疑。

不過，信心滿滿的他，猛拍胸脯保證：「放心吧，這方面的知識我非常熟悉，我不僅找了許多書來研究，而且每一個重點都已經牢牢記在腦海裡，想忘記也難，所以請你們放心吧！」

話剛說完，仍然有人不放心地問：「但是……」

富商之子聽見有人又要質疑他，立即打斷友人的話，並自信地說：「你們不相信嗎？我告訴你們，海中的情況我非常清楚，如果不幸遇到礁石或是暗潮漩渦，的確是非常危險。但是，只要我請來的船舵掌控得宜，而且能不慌不忙地及時修正，我們就能準確地朝向前進的方向了！總之，所有可能發生危險的解決方法，我都已經熟記在心中，你們放心吧！」

眾人看他說得這麼有把握，也就放心地出航了。

然而，一切並沒有他想像中那麼簡單，因爲船上唯一會掌舵的舵手，出海不久忽然得了重病，病死在船上。

於是，這個從來沒有掌舵經驗的富商之子，負責地接下了掌舵的大任。

航行不久，他們不幸遇到了險惡的暗流，船隻在漩渦裡旋轉許久，完全無法前進，這時，所有人的目光都焦急地齊聚到掌舵者的身上，只見富商之子口中唸唸有詞：「嗯，應當這樣掌握，對，要那樣改正方向，然後再如此操穩，一切就搞定了！」

問題是，大家只聽見他不斷地口述解決的方法，卻不見他實際操作，就這樣，船身在原地旋轉了好幾圈之後，便沉入海底去了。

奧地利作家茨威格曾說：「頭腦和心靈最忌空虛，一空虛就會盲目，就會看不見危險，做出種種讓人訝異不已的荒唐事情。」

人之所以會做出讓人訝異不已的荒唐事情，通常來自華而不實的虛榮心理，往往只吸收了一些理論，就迫不及待把自己吹噓成某方面的專家。

理論與經驗總是有一段距離，因為不論理論多麼精準，那終究是別人的經驗之談，如果我們沒有親身經歷過，是很難體會解決問題的難易程度的。

紙上談兵終究比不上實際經驗，前者等於是在原地踏步，步伐沒有跨出，又怎麼能獲得成功經驗和秘訣？

雖然，人生是用經驗累積出來的，生命的歷練是在跌跌撞撞中成長的，但是，自己的親身經驗終究比別人的實際，只要我們能夠實際操練一遍，不僅能充實我們的生活能量，還能讓我們的人生步伐走得更加穩健。

發現每個人的獨特價值

當我們鼓勵自己別妄自菲薄時，也別刻意地去貶低他人，因為，天生我材必有用，沒有人能否定我們的價值，我們更沒有資格去否定他人。

不懂得放下自己的人，一味用偏執的眼光看待世界，不斷因爲和別人較勁而鬱悶苦惱，同時也爲了抬高自己，不斷用負面的態度貶抑別人。

天生萬物，彼此都有互補或互助的功用，我們又何必計較誰的功勞比較大，或批評誰的能力根本不足爲道呢？

有一天，眼、鼻、口一塊兒開了一場座談會，言談中，他們炮口一致，全對著眉毛發出猛烈批評。

首先發難的是眼睛，他怒氣沖沖地說：「眉毛有什麼用？他憑什麼資格位在我們的上面？你們想想看，我眼睛可是靈魂之窗啊！要是我放棄了『看見』的功能，大家就要失去方向了。」

鼻子一聽，也不服氣地說：「我鼻子嗅覺最靈敏了，眉毛算什麼？他怎麼可以位在我們的上面？」

而嘴巴也趾高氣揚地說：「就五官的功能來說，以我最有用途吧！我不吃東西，誰也別想活了，所以，擺放在最上面的器官，應當是我才對！眉毛這個最沒有用的傢伙，要拿到最下面才對啊！」

只見，眼、鼻、口齊聲向眉毛發出怒吼。

眉毛聽著同伴們的抱怨，並沒有多說什麼，等大家全都停止埋怨後，才說：「嗯，你們說的都對，我確實是很沒有用，確實應該在你們之下！」

於是，眼、鼻、口、眉開始移動他們的位置，但是不管他們怎麼移動，整張臉看起來都不對勁，最後，他們又回復到原來的位置，雖然眼、鼻、口仍然大聲地否定眉毛，但是眉毛的位置始終都在三者之上。

我們都知道，眉毛之所以會在眼睛的上方，是爲了阻擋汗水滴進眼睛裡，讓視線能夠保持清晰，讓雙眼能清楚看見前進的方向，並非一無是處！

將寓意延伸至日常生活中，我們應該反省自己，過去曾經看不起某些人，是否經常惡意攻訐別人，否定別人？

如果我們能認眞地想一想，就不難發現每個人都有著獨特的價値。

所以，當我們鼓勵自己別妄自菲薄時，也別刻意地去貶低他人，因爲，天生我材必有用，沒有人能否定我們的價値，我們更沒有資格去否定他人。

成功的秘密，就在於失敗經驗的累積

有位哲人曾經說過一句雋永的話語：「得到成功的最好方法，就是增加失敗的比例。」

拿破崙說過：「輝煌的人生並不在於長久不敗，而在於不怕失敗。」

的確，人生最大的光榮，不在於永不失敗，而在於屢仆屢起。只有經歷過失敗的人才會知道，什麼是致勝秘訣，因爲唯有經由失敗的教訓，你才有機會尋找出全新的觀點和方法。

根據統計，一九七九年一整年，波士頓拳擊明星詹姆斯，被擊中的記錄竟然高達三千多下。

有一位記者揶揄地問：「挨了這麼多拳，你不怕腦袋受影響嗎？」

他笑著回答記者：「怎麼會呢？其實，我就是因爲這些打擊，腦袋才變得聰明起來。」

對詹姆斯來說，失敗與成功是他生活路上兩個必備的元素，想成功就要有失敗的經驗；有了失敗，才有更多成功的機會。

有位年輕的記者曾經問愛迪生這樣一個問題：「愛迪生先生，當你在進行實驗或發明新東西的時候，一定會遇上很多困難和麻煩，不知道當你成功的時候有何感受？」

愛迪生回答：「年輕人，你才剛開始你的人生，送你一個觀念，相信會讓你受益無窮。其實，我從來就沒有失敗過，因爲這些阻礙讓我成功地發現，哪些方法對於發明根本沒有任何作用。」

是不是很有趣的啓示？

如果愛迪生把每一個失敗都視爲失敗，處處受限於困難的情境中，也許會讓他消沉，但是他卻把失敗都視爲另一種成功，因而才有勇氣更積極地進行下一個「成功的發現」。

你呢？對於挫折和失敗經驗，你都怎麼看待？

只要你永不放棄，失敗就會是你爲成功加分的小法碼。

有位哲人曾經說過這麼一句雋永的話語：「得到成功的最好方法，就是增加失敗的比例。」

因爲，只要你能認眞把每一個失敗的經驗整理起來，仔細評析失敗的原因，找出癥結所在，並引爲警惕，自然不會重蹈覆轍，那麼每一次失敗也就等於縮短成功的距離了。

換句話說，雖然你無法掌控眼前發生的事，但卻可以完全掌握自己對它的反應。你的反應代表你對生命掌握的能力，你可以選擇被失敗的巨浪淹沒，也可以像衝浪高手那樣站在巨浪的頂端。

失敗只是人生路途中的一個逗點，如果你就這樣停留在這個「點」上，不再繼續向前，那麼你註定是一個失敗者。

當然，倘使你把失敗視爲一個臨時休息站，補足了體力就準備再出發，那麼，你爬上高峰的機會便又再進一步，而且接下來，不管再多的風雪阻撓，你都一定能克服。

6. 不要讓失敗對自己造成傷害

奧地利心理學家艾德勒說：「你愈不把失敗當作一回事，失敗就愈不能對你造成傷害，只要保持心態的平衡，成功的可能性也就愈大。」

沒有毅力，就不可能創造奇蹟

英國物理學家哈密頓就曾說：「只要有耐心，感覺敏銳，即使智力不佳，也能在物理學上有新發現。」

你一定聽過，有些人的一天是四十八小時吧！

你覺得不可思議嗎？

其實一點也不，因爲對他們而言，沒有什麼分配不了的時間；有效率、有毅力的人，時間是在他們的手中任意調配的。

德國著名的詩人歌德一生成就非凡，但是，誰也沒想到，他其實是一位業餘的作家。二十六歲時，艾瑪公爵請他擔任行政方面的工作，還要長期負責舞台的監督工作，一直到了晚年他才有較多的時間寫作。

歌德流傳於世的著作共有一百四十三本，其中有一本世界文學的經典之作《浮士德》，內文長達一萬二千一百十一行。

這些著作是他以驚人的毅力，不浪費生命裡的每一分每一秒，用盡一切辦法，把每一個空檔時間都充分利用的成果。

如果把時間視爲流水，那麼你也可以像歌德一樣，用毅力把流水積聚起來，做個可以爲自己人生發電的「攔水壩」。

沒有毅力就不會有奇蹟，在成功案例裡的每一個成功者，都是善於運用時間縫隙的人。

正如達爾文所說的：「任何科學發明，都得經過長期的考慮、忍耐和勤奮

才能成功。」所有科學家都公認，毅力甚至比智力還要寶貴，例如，英國物理學家哈密頓就曾說：「只要有耐心，感覺敏銳，即使智力不佳，也能在物理學上有新發現。」

這也就很多公司在應徵人才的時候，爲什麼會有這樣的一條要求：「要能刻苦耐勞」，現在你明白其中道理了吧！

那你呢，有沒有具備這樣的特質？

美麗的人生，因爲有風有雨點綴，才會顯得更加壯麗，生活不可能總是一帆風順，唯有堅持不懈，才會擁有這美麗人生。

人生不必苦短，因爲你可以掌控你的時間，只要充滿毅力，時間會因爲你的努力而加長；對於沒有決心的人，爲了避免他們過度浪費，時間會自然縮短。時間分分秒秒的走動都是爲了你，如果你再不好好運用，生命時間肯定會快速轉動！

危機就是超越自我的契機

作家亞布杜拉·何塞因說：「所謂的力量，並不是體力的代名詞，真正的力量是肉體與意志結合之後所激發的能量。」

美國總統威爾遜曾經說：「要有自信，然後全力以赴，假如有這種信念，任何事情十之八九都能成功。」

生命中的任何危機都是一次挑戰、一次機遇，只要你不被眼前的險境嚇倒，而勇於奮力一搏，相信你就會因此而創造出超越自我的奇蹟。

法國某個野外軍用機場，曾經發生一件令人感到不可思議的奇蹟。

一個艷高照的午后，一位名叫桑尼的飛行員，正神情愉快地用自來水槍清洗他平日駕駛的戰鬥機。

突然，有個人用力拍了一下他的後背，桑尼回頭一看，頓時嚇得面無血色，發出一聲驚叫，因爲拍他的竟然是一隻又壯又碩的大灰熊，牠正舉著兩隻大爪，站在他的背後！

這時，桑尼急中生智，迅速把手上的自來水槍轉向大灰熊，不過，也許是用力太猛，在這個緊急的時刻，自來水槍竟然從手中滑脫，而大灰熊則朝著他撲了過來。這時，桑尼本能地閉上雙眼，使盡了全身力氣，縱身一躍，跳上了機翼，然後大聲呼喊求救。

站崗的哨兵聽見了求救聲，連忙拿了衝鋒槍跑了出來，看見了大灰熊，立即朝著牠連開了數槍，不久就將牠擊斃了。

事後，每個人都對桑尼的跳躍能力感到非常困惑，因爲機翼離地面最起碼有二公尺多高，桑尼竟然能在完全沒有助跑的情況就跳了上去，簡直是一件神

奇的事情。於是，大家都開玩笑地對桑尼說，不如去當個跳高運動員，必定創造世界紀錄，爲國爭光。在大家慫恿下，桑尼再次嘗試立定跳高，但是做了好幾次試驗，都沒能再跳上機翼。

作家亞布杜拉．何塞因說：「所謂的力量，並不是體力的代名詞，真正的力量是肉體與意志結合之後所激發的能量。」

身處險境，遇上困難的時候，每個人都會本能地想辦法保護自己、拯救自己，也經常像飛行員桑尼一樣，激發令人難以置信的潛能。

心理學家一再告訴我們，大部份的潛能都是在眞正遇上困難時才會被激發。所以，不要害怕遇上困難和挫折，因爲有了它們，你才有機會發現自己的潛能，也才能知道，原來沒有什麼事是不可能的。

不要讓失敗對自己造成傷害

奧地利心理學家艾德勒說：「你愈不把失敗當作一回事，失敗就愈不能對你造成傷害，只要保持心態的平衡，成功的可能性也就愈大。」

有位作家曾說：「我不認為『失敗』會使我們失去什麼，因為真正的失敗是我們連試都不試就想放棄。」

的確，許多人在失敗之後常常說「本來是會贏的」之類的說法，他們並不是不可能成功，而是他們老早就已經放棄了。

約翰．克利斯是一位英國小說家，著作等身的他，一生總共寫過五百六十四本書，但是，在成名之前，他所遭遇的退稿挫折可一點也不少於他出版過的書量。就算名作家瑪格麗特．米契爾在成名作《飄》出版前，收到的退稿也不少於此；梵谷在他有生之年，幾乎沒有賣出任何一幅畫；全壘打王貝比．魯斯剛進大聯盟的時候，也只有坐冷板凳的份，有誰知道後來他會擊出了七百十四支全壘打……。

許多名人幾乎都歷經了各種挫折甚至難堪，才能有今天的成就。這些成功的人之所以成功，是因爲他們懂得從失敗中獲得智慧。

沒有任何人天生就是贏家，贏家都是跌了好幾次跤才走到現在的寶座，他們所擁有的傷痕肯定比得到的獎牌還要多。

那是因爲他們在成功的關鍵時刻，明白只要再支撐一分鐘，就還有機會改變自己的命運。

大多數人都只想追求速成的成功，認爲一生中最重要的就只一個「贏」字，一旦失敗了就怪罪別人、歸咎環境，甚至埋怨老天，總是給自己一大堆藉口推

卸責任，可是，當他們成功的時候，卻很少會把功勞歸給旁人。

奧地利心理學家艾德勒說：「你愈不把失敗當作一回事，失敗就愈不能對你造成傷害，只要保持心態的平衡，成功的可能性也就愈大。」

明白艾德勒所說的意思嗎？

其實，這就是禪宗所說的平常心。當你因爲想做而去做，爲了夢想前進而前進，那麼連失敗都有正面的價值！

去問一問溜冰高手怎樣才能學會溜冰，相信他一定會告訴你：「跌倒，爬起來，你就成功了。」

成功和失敗都不可能單獨存在

日本作家松本順在著作中寫道：「失敗永遠是使人奮發向上的跳板，只有這樣認識失敗，而又能努力不懈的人，才是前途光明的人。」

每當一個人有所得的時候，同時也必然有所失，相對的，當他遭遇失敗的時候，通常也是站在另一個成功的起點。

成功和失敗都不可能單獨存在，而是彼此相依相存的。

一九三八年，本田宗一郎變賣了所有家當，全心全力投入研發更精良的汽

車火星塞。他日以繼夜地工作，累了就倒頭睡在工廠，終日與油污爲伍，一心一意只期望能早日把產品製造出來，好賣給豐田汽車公司。

他全心全力投入，甚至變賣了妻子的首飾，總算產品完成了，並送到豐田公司審核。豐田公司審核品質後，卻評定產品不合格而將它退回。

但是，本田宗一郎並不氣餒，爲了得到更多的相關知識，重回校園苦修兩年，雖然他的設計經常被老師或同學們嘲笑，但他一點也不以爲苦，咬緊了牙關往自我期許的目標前進，終於在兩年後取得了豐田公司的購買合約，完成他長久以來的心願。

當時，正處於第二次世界大戰期間，日本政府禁止民間買賣軍需物資，此外，戰爭期間，本田宗一郎工廠也免不了遭受美國空軍轟炸，還毀掉了大部分的製造設備。

不過，本田宗一郎在這樣的困境中，還是毫不灰心地找來一批工人撿拾美軍飛機所丟棄的炸彈碎片，還戲稱那些是「杜魯門總統送的禮物」，把它們變成本田工廠製造用的材料。

第二次世界大戰結束，日本又遭逢嚴重的汽油短缺，本田宗一郎又他想出了新點子，試著把馬達裝在腳踏車上，他知道如果成功了，這樣新的交通工具，大家一定會搶著要。果不其然，他裝了第一部之後就再也沒有停下來了，直到所有的馬達都用光了。

這時他想，不如再開家工廠，專門生產他發明的摩托車，但是有一個難題必須克服，遭逢幾次天災人禍，他手上已經沒有任何資金可以運用。最後，他想出一個辦法，求助於日本全國十八萬家的腳踏車店，挨家挨戶的解說他的新產品，讓他們明白產品的特色和功能，結果讓他說服了其中的五千家，也湊齊了所需的資金。

時到今日，本田汽車已經成了日本最大的汽車製造公司之一，在世界汽車行業也佔有一席之地。本田汽車能有今天的成就，全靠本田宗一郎始終不變的決心和不畏艱難的毅力。

日本作家松本順在著作中寫道：「失敗永遠是使人奮發向上的跳板，只有這樣認識失敗，而又能努力不懈的人，才是前途光明的人。」

有失敗才會有成功，能成功就一定曾經失敗，這就是成功的定律。

如果你問一個一帆風順的人，是否覺得現在很成功，相信他一定會回答你：「不就這樣，沒什麼好或不好。」

但是，要是你問一問名人們成功的過程，相信他們會異口同聲的告訴你：「其實，我也辛苦過好久。」

因爲失敗，你才會懂得珍惜成功，當你知道成功和失敗原來是相輔相成的最佳拍檔，就不會再害怕失敗！

不斷創新才能敲開成功的大門

蘭德在自傳中強調的：「一個企業不僅要不斷地推出新產品，更要知道下一步該怎麼走，如何不斷地成長、前進，這樣的企業才不會停滯不前。」

慾望是讓人向上的動力，但是過多的慾望往往會讓人一事無成。

爲什麼會造成這種情形呢？

這是因爲，慾望太多的人往往容易朝三暮四，想得多卻做得少，始終跨不出行動的第一步，長此以往，自然也就一事無成了。

人生最有趣的事就是棄舊迎新，時時創造嶄新而美好的生活。

當你對別人的成就投以羨慕和嫉妒的眼神時，有沒有反省過，爲什麼自己

一直停留在原地打轉？

當別人不斷成長和革新的時候，自己都在做些什麼事呢？

美國著名的發明家埃德溫．蘭德，以研發拍立得相機而聞名世界，不僅如此，他還是世界上最成功的著名企業家之一，光是他所獲得的專利權就高達了二百多項。

一九三七年，蘭德正式成立了「拍立得」公司，不久有人把他介紹給華爾街的大老闆們，這些大老闆們對蘭德的能力和工作效率十分賞識，因而提供了三十七．五萬美元的信貸資金，讓他研發將偏光片應用到汽車的前燈，以減少車禍發生。

一九三九年，「拍立得」公司在紐約世界博覽會上，推出了「立體電影」則造成了轟動，觀衆必須戴上該公司生產的特殊眼鏡才能入場，因爲新鮮感十足，這次再爲「拍立得」賺進了一大筆財富。

有一次，蘭德替女兒拍照，她的女兒很不耐煩地問：「爸爸，到底要等到什麼時候，才能看到照片呢？」

因爲這句話，讓蘭德突然有了奇想，經過多年的研究，終於讓他發明了瞬間顯像照相機，他將之取名爲「拍立得」。

當「拍立得」公司在一九三七年剛成立時，銷售額爲十四．二萬美元，一九四一年則成長到一百萬美元，一九四七年更達到一百五十萬美元。

等到「拍立得」相機開始上市後，公司銷售額更從一百五十萬美元激增到六千七百五十萬美元，十年之內成長了四十倍，成長率非常驚人，甚至可說是一個奇蹟。

但是，蘭德並沒有因此而停住創新的腳步，六〇年代初期，他又製造出一種價格便宜，還能立即時拍出彩色照片的新相機。

蘭德在自傳中強調的：「一個企業不僅要不斷地推出新產品，更要知道下

一步該怎麼走，如何不斷地成長、前進，這樣的企業才不會停滯不前，而是充滿活力的永續經營。」

其實，生命的流程也是如此，適應變化的唯一方法就是創新。身在今日變化萬千的數位時代，成功的人，多半是那些不願因循守舊、勇於大膽創新的人。

因爲勇於創新，他們才能與衆不同，也才能站穩腳跟，打開成功的大門，在競爭激烈的時代中獲得勝利。

不要為自己的退縮找藉口

法國作家杜伽爾在《蒂博一家》裡寫道：「如果不把生命、思想、信念化為行動，那麼，所有的一切就什麼意義也沒有。」

成功的法則很簡單，當你爲自己訂下計劃並且跨出了第一步，只要堅持到底就一定會成功。只是，一路的意想不到和滿路的荊棘，外加隨之而來的困難與障礙，往往讓你面臨了各種挑戰和考驗。

這時候，或許你會找藉口讓自己鬆懈、退縮，甚至放棄。當然你可以這麼做，但是，如果你想成功，希望得到歡聲雷動的喝采，你就不能給自己任何退縮和放棄的「藉口」。

美國西點軍校是培育優秀將領的搖籃，在西點軍校受訓的學生，有四條必須嚴格遵守的校訓，其中一條就是：「沒有任何藉口。」

這是西點軍校由來已久的傳統，不管是遇到學長或長官問話，新生只能有四種回答：

「報告長官，是！」

「報告長官，不是。」

「報告長官，沒有任何藉口。」

「報告長官，不知道。」

除此之外，可不能多說任何一個字。

平時，如果有長官問：「你認爲你的皮鞋這樣就算擦亮了嗎？」

一般人的第一個反應，肯定是急著爲自己辯解：「報告長官，剛才不小心有人踩到我的腳。」

但是，在西點軍校絕對不能這樣回答，因爲任何辯解都不被允許，你只能從上面那四個標準回答中做選擇，回答說：「報告長官，不是。」

長官如果再問爲什麼，你也只能說：「報告長官，沒有任何藉口。」

也許你會認爲他們是在軍校受訓，當然要這麼嚴格。但是，培養這樣的生活態度，在任何領域都非常受用。

你必須學會忍受一切，不管事情如何發生、情況怎樣，重要的是你有沒有行動力，因爲你在皮鞋被踩到的當下就要重新擦拭乾淨，或者一開始就要避免讓這樣的事情發生。也許你會認爲這樣並不公平，但是，人生本來就充滿不公平，只要有這個觀念，你就會用堅強的毅力來激發自己的潛能，讓生活除了行動之外還是行動。

法國作家杜伽爾在《蒂博一家》裡寫道：「如果不把生命、思想、信念化為行動，那麼，所有的一切就什麼意義也沒有。」

爲了成功，無論碰到多大的困難都不要停止行動，對於成功者而言，在種種困難的面前不應該有任何藉口。

只要你不再找理由推託，你就會有充裕的時間實踐你的夢想；只要你不再拿藉口搪塞，你就已經走在成功的道路上。

人生不論好壞都是你自己的，不要再用任何藉口來阻礙你的人生道路，只要你確定了前進的方法和方向，那麼就趕快跨出第一步，相信你很快就會走到夢想的未來！

抬起頭，你就能看見生命的出口

俄國文豪托爾斯泰在《安娜卡列尼娜》裡說：「人生的一切變化，一切魅力，一切美麗，都是由光明和陰影交錯而成的。」

想要實現自己的生活目標，重點在於不管身處什麼樣的環境，都必須抱定一個理想，並不斷地努力爭取，如此才有機會如願以償。

你應該相信，風雨過後將是碧海藍天，走過一段坎坷之後，出現在眼前的就會是一條平坦大道。

有一個資深的登山老手和他的同伴們，在一片迷濛峽谷中迷失了方向，一群人走了三天四夜，都沒有辦法走出深谷。

「爲什麼我們走不出峽谷？我心裡好害怕，爲什麼世上就不能只有一帆風順？爲什麼非得要逼我們走入絕境？」一位同伴絕望地說。

這位登山老手安慰他說：「世界上怎麼可能只有成功而沒有挫折呢？你想想，沒有挫折哪會有成功，挫折與成功就好比這峽谷與高山，沒有這峽谷，哪來的高山！」

「可是，遇到挫折實在很折磨人，就像現在，我們被困在峽谷之中，唯一能做的不就是等死而已嗎？」這位同伴有點歇斯底里的回應。

登山老手感慨地對同伴說：「你之所以會這麼悲觀，完全是因爲你一直低著頭走路啊！」

「難道抬頭走就能找到出路？」同伴抬起頭仰望天空。

「當你抬頭的時候，你看到了什麼？」登山老手問。

「除了高山還是高山啊！」同伴答。

這位登山隊員笑著說：「這就對了，我每次遇到危險的時候，都是這樣抬著頭，一步步走向平安的處所！」

不久之後，這群登山客終於在這位登山老手帶領下，走出了峽谷。

俄國文豪托爾斯泰在《安娜卡列尼娜》裡說：「人生的一切變化，一切魅力，一切美麗，都是由光明和陰影交錯而成的。」

不管是你將碰上或正遇到什麼挫折和困難，都要有充分的認識和心理準備。因爲環境的不同，每個人的抗壓和解決能力都各有不同，在不同的環境中也會有不一樣的解決方式，不過，只要充滿積極樂觀的想法，就一定能找到生命的出口。

不管目前的生活環境有多麼困頓，你都必須激勵自己，人生的道路不可能永遠筆直又平坦，就算行走在馬路上，也一定會遇到岔路，必須適時轉彎才能走向目地的。

所以，當我們遇到困難和逆境時，不要徬徨迷惘，也別灰心喪氣，更不應該因爲一時的挫折而輕言放棄。

換個角度想想自己的璀燦遠景，抬頭看看無邊無際的天空，你是不是看見了生命的寬廣？

你也可以戰勝生命中的暴風雨

義大利作家梅塔斯塔齊爾曾經寫道：「一棵纖弱的灌木，雖然在暴風雨中屈身地搖晃，但它最終能戰勝暴風雨。」

許多成就不凡事業的成功人士都提醒我們：災難是人生的試金石，困難是人生的教科書。

確實如此，不管做什麼事情，只要你勇敢面對，堅持不懈，保持積極的態度向前邁進，目標就一定會實現！

當代激勵大師安東尼．羅賓在某次演說中談及如何面對挫折時，曾講了一個朋友在一次滑雪比賽中，體驗到一個深刻的經驗。

這位住在明尼蘇達州的朋友一時興起買了滑雪板，隨即就報名參加滑雪訓練，後來還參加一次高難度的滑雪比賽。

在這次比賽當中，開始時他滑得很順利，速度快而且俐落而漂亮，但是，就在他滑了四分之一之後，開始覺得有點力不從心。

他眼睜睜地看著別人輕輕鬆鬆從身邊滑過，不一會兒工夫，一大片雪地上就只剩下他一個人，孤零零地在冰天雪地裡中吃力地滑著，這時候他整個心裡充滿挫敗感。

他本來打算要用兩個小時滑完全程，但是，嚴寒的風雪刺痛了他的全身，體力也消耗得差不多，四肢無力的他，開始萌生放棄的念頭。

但是，偏偏身處偏僻的深林裡，加上積雪相當寒冷，他只能把這個念頭暫時擱置，先努力滑到終點再說，於是他就這樣支持了下去。

在這個過程中，他一直幻想著，期望路旁會有散發著溫暖熱氣的小木屋出現，或是希望有輛急救車突然出現，推開積雪把他帶走。當然，這些都是空想而已，但是就這樣想著、滑著，他終於硬著頭皮滑完了全程，而且時間跟預期的差不了多少。

安東尼．羅賓說，這朋友對自己的這件事總是津津樂道，而且每次都講得口沫橫飛。因爲，這件事給了他一個認識自己的機會，更給了他一個努力堅持而得到勝利的美好記憶。從此之後，他在生活中不管碰到任何艱難險阻，都不再害怕、退縮了。

義大利作家梅塔斯塔齊爾曾經寫道：「一棵纖弱的灌木，雖然在暴風雨中屈身地搖晃，但它最終能戰勝暴風雨。」

人只有把怠惰的心情，轉化作奮發向上的力量，才是成功的保障。

壯志與熱情是夢想的羽翼，自信與堅韌是成功的階梯，只有時時鞭策自己的人，才能穿越荊天棘地的人生道路。

生命中的暴風雨其實並不可怕，只要你肯挺身勇敢面對它。

只要你經歷失敗挫折時，毫不放棄、堅持不懈，當你通過了這個考驗，累積了這個艱苦的經驗，品嚐過了付出後的甜美豐收，往後任何失敗和困難，你都會覺得輕鬆簡單，不再輕易放棄。

只要堅持下去，事情一定會有轉機

法國文豪巴爾札克說：「苦難對於一個天才是一塊墊腳石，對於能幹的人是一筆財富，而對於庸人卻是一個萬丈深淵。」

任何苦難，都一定會有盡頭。

如果，你可以回想到最難過的曾經，那就表示那個「曾經的苦難」已經走過去了，就像電視劇一樣，不管播了幾百集，一定會有第一集的開始，自然也會有最後一集的大結局。

不論目前如何，只要能堅持下去，事情就一定會有個結局，同時還會接著播映另一個好開始。

美國著名的體育播報員羅納德經常鼓勵失敗的人：「只要堅持下去，有一天情況總會好轉。」

這是因爲，每當他感到失意沮喪的時候，他的母親便會對他說：「如果你堅持下去，總有一天，你一定會等到好運氣和機會降臨，而且到時候你會知道，如果沒有經歷過失望，你不會有這個成功的機會。」

母親的這番話，在他大學畢業後眞的實現了。

當時，他希望能成爲一位體育播報員，於是從伊利諾州搭了便車千里迢迢前去芝加哥，親自拜訪每一家電台，但每次都碰了一鼻子灰。

在拜訪的過程中，有一家電台的廣播小姐和氣的告訴他，大電台是不會冒險僱用一名毫無經驗的新手。

「去找家小電台試試，或許那裡的機會比較大。」她勸告羅納德說。

於是，他又搭便車回到了伊利諾州的迪克遜，但是仍然沒能如願，失望之情從他臉上一看就知。

「最好的機會總會到來。」這時，母親提醒他說。

於是，他再度出發，試了愛荷華州達文波特的ＷＯＣ電台。節目部主任是位很不錯的蘇格蘭人，名叫彼特．麥克阿瑟，他說他們剛新聘了一名播音員，於是羅納德便帶著非常失望和沮喪的心情離開他的辦公室，此時，他受挫的鬱悶一下子發作了起來，大聲地說：「我要是不能在電台工作，如何能當一名體育播音員呢？」

當他在等電梯時，突然聽到麥克阿瑟的叫聲：「請問，你剛才說什麼體育？你懂得橄欖球嗎？」

羅納德點了點頭。接著麥克阿瑟讓他站在一個麥克風前，要他憑想像力播報一場比賽。於是，羅納德開始播報前年秋天，他參加的橄欖，在最後二十秒時以一個六十五碼球擊敗了對方……

隨後麥克阿瑟告訴他，他將開始播報星期六的一場比賽。在回家的路上，他想起了母親的話：「只要你堅持下去，總有一天你會遇上好運，並且你會明

白有了這些挫折和堅持，生命裡會有很多希望和機會將發生。」

法國文豪巴爾札克說：「苦難對於一個天才是一塊墊腳石，對於能幹的人是一筆財富，而對於庸人卻是一個萬丈深淵。」

有人在厄運和不幸面前從不屈服，也不退縮，更不動搖，會頑強地和命運抗爭，因而能在重重的困難中，衝開一條通向勝利的路，成爲征服困難的英雄，同時也是一個掌握自己命運的主人。

要判斷一個人的成就如何，端視他能否打敗自己的怯懦和怠惰，因爲，構成成功最大障礙的，並不是別人，而是自己。

堅持到底就一定能獲得勝利

法國文豪羅曼羅蘭在《約翰克利斯朵夫》中寫道：「人生是一場無休無歇而又無情的戰鬥，只要是人，都得時時刻刻向無形的敵人作戰。」

當你千辛萬苦完成一項艱鉅的工作，相信你一定曾經這麼喊過：「眞不敢相信，我竟然眞的把它完成了。」

是啊，不管做什麼事情，只要掌握正確的方法，努力不懈做下去，就能爲自己創造一個奇蹟了！

有一位俄亥俄州的拳擊冠軍對朋友述說了他的成功經歷。他在十八歲那一年，第一次奪得州際盃冠軍寶座，那次經歷，一直影響他面對事情的態度。

當時，他的對手已經三十歲了，身高一百七十九公分，已連續三年蟬連全州拳擊的冠軍，是個人高馬大的黑人拳擊手，左勾拳可是令人聞之喪膽。當時主持人宣布這位年輕的選手將出場挑戰時，全場觀衆給他的不是掌聲，而是噓聲。果然不出大家所料，一開始他就被對手擊中，牙齒還被打掉了半顆，滿臉是血的他完全沒有機會回手，甚至連防備都有困難。

中場休息時，他對教練說，他想中途退出比賽，因爲這種實力懸殊的比賽無異是拿雞蛋去砸石頭。

教練對著他大吼：「不，你一定行，別怕流血，只要堅持到最後就一定會勝利，我相信你的實力。」

突然，這位年輕選手不知打哪兒來的力量，決定豁出去，當對手的拳頭不斷落在他身上時，他感覺到自己的身體已經不聽使喚了，但他仍然告訴著自已：「堅持，一定要堅持下去！」

不知道是不是他的堅持感動了上天，當然也可能是對手累了，也可能面對他的頑強開始膽怯，他開始有機會反攻。當時，他的汗血流滿全身，模糊了他的雙眼，他只能憑著意志揮舞左勾拳、右勾拳、長拳、上勾拳，用一記又一記的重拳朝著眼前模糊的身影擊去。

「是的，我一定能打倒對手！」他不斷爲自己打氣。

在最後一刹那，他的眼前像是有無數個對手的身影在晃動，他心裡想，中間那個不晃的影子一定是對手，便對準那個身影揮出最後一擊……

接著，教練跳到擂台上抱著他又唱又跳，當裁判舉起他的手時，他這才發現自己贏了，對手倒在台上，而他奪得了冠軍。

法國文豪曼羅蘭在《約翰克利斯朵夫》中寫道：「人生是一場無休無歇而又無情的戰鬥，只要是人，都得時時刻刻向無形的敵人作戰。」

看完這個拳擊手浴血奮戰的故事，難道你還不清楚生命中的奇蹟怎麼發生的嗎?人生是個舞台，每個人都得努力演好自己的角色；想要成功，方法只有一個，就是：「堅持下去！」

人生路途上，每個人都有自己的幸福和痛苦，只不過是程度不同而已，能夠用樂觀的心情戰勝困境的人，就是最幸福的人。

新生活大師

43-1

後退一步，就會發現幸福

作　　者　文蔚然
社　　長　陳維都
藝術總監　黃聖文
編輯總監　王郡凌
出 版 者　普天出版家族有限公司
新北市汐止區忠二街 6 巷 15 號
TEL / (02)26435033（代表號）
FAX / (02) 26486465
E-mail：asia.books@msa.hinet.net
http://www.popu.com.tw/
郵政劃撥 19091443 陳維都帳戶
總 經 銷　旭昇圖書有限公司
新北市中和區中山路二段 352 號 2F
TEL / (02) 22451480（代表號）
FAX / (02) 22451479
E-mail：s1686688@ms31.hinet.net
法律顧問　西華律師事務所・黃憲男律師
電腦排版　巨新電腦排版有限公司
印製裝訂　久裕印刷事業有限公司
出 版 日　2023 年 11 月第 2 版第 1 刷
ISBN◉978-986-389-892-4　　條碼 9789863898924

國家圖書館出版品預行編目資料

後退一步，就會發現幸福／
文蔚然著.—第 2 版.—：新北市,普天出版
2023.11 面；公分. -（新生活大師；43-1）
ISBN◉978-986-389-892-4（平裝）

普天之下・盡是好書

普天 出版家族
Popular Press Family

凌雲 A-Plus Creative Company 文創

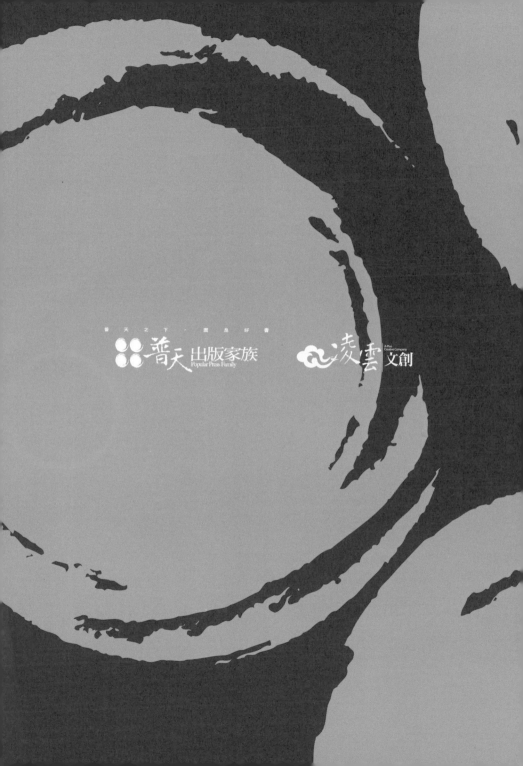